Seltsamste Mischung von
wirklicher Größe und Intoleranz

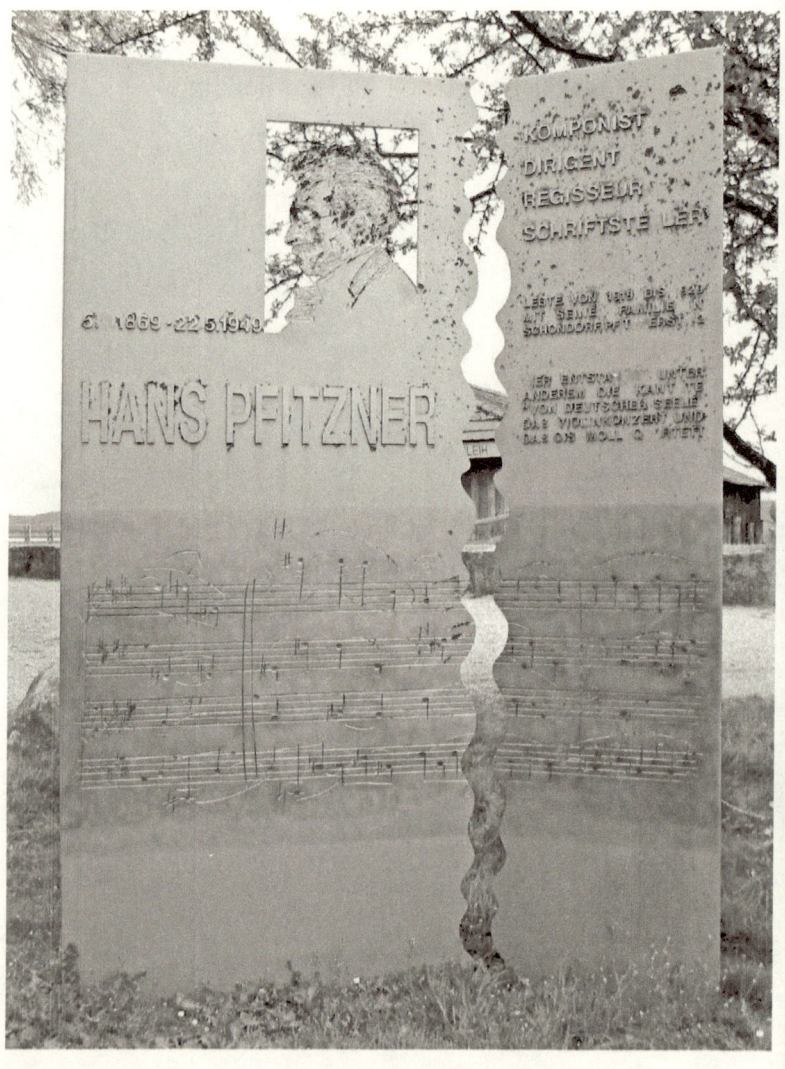

Johann Peter Vogel

Seltsamste Mischung von wirklicher Größe und Intoleranz

Hans Pfitzners politisches Denken

SCHOTT

Bibliografische Information der Deutschen Nationalbibliothek
Die Deutsche Nationalbibliothek verzeichnet diese Publikation in der Deutschen Nationalbibliografie; detaillierte bibliografische Daten sind im Internet über http://dnb.d-nb.de abrufbar.

978-3-95983-529-9 (Paperback)
978-3-95983-530-5 (Hardcover)

© 2017 Schott Music GmbH & Co. KG, Mainz

www.schott-buch.com

Alle Rechte vorbehalten
Nachdruck in jeder Form sowie die Wiedergabe durch Fernsehen, Rundfunk, Film, Bild- und Tonträger oder Benutzung für Vorträge, auch auszugsweise, nur mit Genehmigung des Verlags.

Printed in Germany

Inhalt

Vorwort 7

Hans Pfitzner – ein politischer Komponist? 11

Hans Pfitzners Haltung zur Moderne 30

Geplanter Fortschritt versus organische Entwicklung.
Die Auseinandersetzung zwischen Busoni und Pfitzner 45

Tradition und Fortschritt bei Hans Pfitzner – am Beispiel
seiner Violinsonate. 66

Thomas Mann und Hans Pfitzner. Handelnde
Anverwandlung und leidendes Beharren. 78

Hans Pfitzners kompliziertes Verhältnis zu Juden und
zum Judentum. 94

Pfitzner und »Polen«-Frank – ein unmoralisches Verhältnis. ... 118

Opera in tempore belli: die Hundertmark-Chöre und
die »Krakauer Begrüßung«. 133

Komponieren nach dem Zusammenbruch – Pfitzners Sextett
(1945) und Orchesterfantasie (1946/47). 146

Ausgewählte Literatur 163

Dank 165

Vorwort

Auf der ersten Seite dieses Buches ist ein Denkmal zu sehen, das symbolisch für das steht, worum es in den Beiträgen in diesem Buch geht. Es ist das einzige Denkmal für Hans Pfitzner, errichtet an seinem 50. Todestag 1999 in Schondorf am Ammersee auf der Seepromenade. Dort lebte Pfitzner von 1919 – 1929, dort entstanden die Werke seiner Reifezeit: die Kantaten Von Deutscher Seele und das Dunkle Reich, die beiden Konzerte für Klavier und Violine, das Streichquartett cis-Moll und die Lieder nach Gedichten von Gottfried Keller, Conrad Ferdinand Meyer und Ricarda Huch, aber auch die anfechtbare Schrift Die neue Ästhetik der musikalischen Impotenz. Auf dem Friedhof liegen seine erste Frau und seine Kinder – und, wenn es nach ihm gegangen wäre, auch er selbst. Heute nun wird in Schondorf darüber debattiert, der nach ihm benannten Straße (in der er wohnte) seinen Namen zu entziehen und das Denkmal wieder abzureißen. Ob die entsprechende Initiative Erfolg hat, war zum Zeitpunkt der Drucklegung nicht abzusehen. Immerhin haben schon in mehreren Städten Pfitzner-Straßen ihren Namen verloren.

Derartige Initiativen und entsprechende Beiträge in den Medien haben seit dem Erscheinen meiner Biographie des Komponisten Hans Pfitzner (1. Aufl. 1989) deutlich zugenommen. Der Schwerpunkt der Beschäftigung mit Pfitzner hat sich verschoben: Es geht nicht um sein kompositorisches Werk, sondern vielmehr um seine politische Haltung; einerseits um Fortschrittsfeindlichkeit, andererseits um Antisemitismus und Sympathie für den Nationalsozialismus in seinen Schriften. Tatsächlich bietet Pfitzner mit seinem reichen Zitatenangebot eine vielfältige Reibungsfläche. Seine ungeschützte Ausdrucksweise, unlogischen Widersprüchlichkeiten, ein Hang zur Polemik, vor allem sein Nationalismus – als starres Eintreten für eine von jeder Realität abgehobene Idee des Deutschen – lassen ihn als »ätzend-nationalen Polemiker«, »bekennenden Antisemiten«, »Steigbügelhalter Hitlers« erscheinen, und dies selbst noch über den Zusammenbruch hinaus. In heute tonangebenden, sehr moralisch urteilenden Kreisen bedeutet dies, dass von solcher Einschätzung her auch seine Musik kontaminiert wird.

Damit ist die Rezeption seines kompositorischen Werkes beträchtlich behindert. Wenn der Hörer etwa seines »Palestrina« aufgefordert wird, die Musik und die moralische Verwerflichkeit des Komponisten zusammen zu denken, kann die Musik als solche nicht mehr unbefangen und in ihren eigenen Gesetzen gehört werden; ihre Aussage wird im Keim erstickt. Veranstalter und Interpreten Pfitznerscher Musik haben keine Lust, sich in den Musikkritiken wieder zu finden als Verbreiter der Musik eines Menschen, der als Antisemit und Nazi den schlimmsten derzeit denkbaren Ruf hat – wobei offen ist, ob er diesen Ruf überhaupt verdient.

Davon handeln die Beiträge in diesem Buch. Es ist nicht einfach, über diese Themen nüchtern zu schreiben; ahistorische Moral ist heute schnell bereit, jemanden zu verurteilen, der Gedanken geäußert hat, die die Nazis später missbraucht und in die Tat umgesetzt haben. Denn der berechtigte moralische Aufbruch 1968 gegen das Schweigen der Eltern ist heute, nach 50 Jahren, vielfach zur undifferenziert-korrekten öffentlichen Meinung verfestigt; gleichsam erstarrte Lava, zu der die Argumente geronnen sind.

Es geht um Pfitzners Musik. Der schwierige und widerspruchsvolle Mensch Hans Pfitzner muss nicht mehr gerettet werden; er ist seit über 60 Jahren tot. Seine Schriften sind bei allem sachlich Zutreffenden, das sie auch enthalten, zeitgebunden. Alle sind Verteidigungsschriften gegen das Ende der deutschen – und damit seiner – Musik. Als Komponist des »Palestrina« und in der Faktur seiner Kompositionen überwand Pfitzner seine Angst vor Fremdeinflüssen und Umbruch und komponierte – in scheinbarem Widerspruch zu seinen Schriften – auf der Höhe der Zeit. Pfitzners Bedeutung liegt nicht in seinen Schriften! Grund dafür, dass sich Menschen überhaupt noch mit diesen beschäftigen, ist die Bekanntheit Pfitzners als Komponist. Er steht zusammen mit

Richard Strauss in der Tat am Ende der Musik deutscher Tradition; beide erzählen aus entgegengesetzten Blickwinkeln von den Befindlichkeiten der Menschen in der Umbruchszeit der ersten Hälfte des 20. Jahrhunderts. Pfitzners Musik – ihr Gespür für das Nicht-Geheuere, das Dämonische, das Zwielichtige und Abgründige, und ihr Versuch, trotzdem so viel schöne Vergangenheit wie möglich zu retten – ihr wünschte man mehr Präsenz in den Repertoires unserer Orchester, Kammermusiker und Sänger; Dirigenten wie Christian Thielemann, Ingo Metzmacher, Kiryll Petrenko, Stefan Blunier – sie alle haben einen ausgeprägten Sinn für diese Musik bewiesen und würden sie vermutlich häufiger in ihren Programmen vorsehen, wenn ihnen nicht ständig die moralisierenden Zeigefinger entgegen stünden. Und diese sind weitgehend unberechtigt angemaßt.

Soweit sich die Ankläger der Quellen bedienen, sind diese sehr einseitig ausgebeutet und entsprechend bewertet. In meinen Beiträgen bemühe ich mich, Pfitzners Schriften und Briefe sowie Zeitzeugenberichte in ihrer Gesamtheit heranzuziehen und zu würdigen. Auch die Musik soll zu Wort kommen. Wer das Textbuch zum »Palestrina« dichten konnte, ist auch in seinen verbalen Äußerungen kein so simpler Charakter, wie seine Ankläger glauben machen wollen. Erst eine Zusammenschau aller Zeugnisse kann den Anspruch erheben, der vielschichtigen Persönlichkeit Pfitzners, dem Unangepassten seiner Äußerungen gerecht zu werden.

Die Beiträge in diesem Buch sind selbständige, von Fall zu Fall ausgearbeitete Texte. Sie überschneiden sich deshalb auch teilweise; diese Überschneidungen habe ich zur Erhaltung der Argumentation im Wesentlichen stehen lassen. Die ersten beiden Beiträge stellen bei unterschiedlichen Fragestellungen die verschiedenen Anlässe dar, auf die Pfitzner in Schriften politisch reagiert. Die Beiträge 3 und 4 gehören zusammen: Es handelt sich um die Auseinandersetzung Pfitzners mit Busonis »Neuer Ästhetik«: Einerseits die Gegenschrift »Futuristengefahr«, in der Pfitzner die Überlegungen Busonis ernst nimmt, andererseits seine aus dem gleichen Jahr stammende Violinsonate, die noch einmal die Tradition dieser Gattung ausspielt. Ein besonderer Beitrag (5.) ist dem Verhältnis Pfitzners zu Thomas Mann gewidmet, eine Geschichte von zunächst großer Übereinstimmung, die im Laufe der Jahre aus politischen Gründen betrüblich zerfällt. Die Frage, ob Pfitzner ein Antisemit war, ist komplex: einerseits fehlt bei ihm jeder Judenhass, andererseits lehnt er das Judentum als ein destruktives internationales (antinationales) Prinzip ab (6.). Im 7. Beitrag mache ich den Versuch, die überaus schillernde Persönlichkeit »Polen- Franks« als »Polen-Schlächter«, »Rechtswahrer« und Kunstmäzen aus der Sicht Pfitzners darzustellen. Dazu gehört eine Deutung des Frank gewidmeten Orchesterstücks »Krakauer Begrüßung« und des Gegenstücks, der Hundertmark-Chöre (8.). Im 9. Beitrag geht es um die Haltung Pfitzners in seinen beiden letzten Kompositionen, geschrieben nach dem Zusammenbruch Deutschlands.

Bruno Walter schrieb nach dem Tode Pfitzners: »Haben wir nicht in seinem Wesen die seltsamste Mischung von wahrer Größe und Intoleranz, die vielleicht je das Leben eines Musikers von solcher Bedeutung problematisch gemacht hat?«. Er, der Freund ist »tief betrübt« darüber, dass »die Schwierigkeiten im persönlichen Verkehr...sich zu einem nicht mehr erträglichen Grade während der kurzen Zeit der Nachkriegskorrespondenz zwischen uns gesteigert hatten«. Das hindert ihn aber nicht, zur gleichen Zeit des »gewaltigen Dramatikers«, des »erfindungsreichen Lyrikers, der der Welt so Großes gegeben hat«, zu gedenken. Und zum Sextett, das 1945 entstand, betont er: »wie besonders rührend ich es empfinde, daß angesichts des fürchterlichen Erlebens der Freund eine Musik solcher Stille und inniger Schönheit schreiben konnte«.

Das ist das Bleibende an Pfitzner.

Hamburg, März 2017, Johann Peter Vogel

Hans Pfitzner – ein politischer Komponist?

Über den deutschen Komponisten Hans Pfitzner ist in den letzten zwei Jahrzehnten mehr Literatur zu seiner politischen Haltung als zu seiner Musik entstanden. Diese Haltung wird im Wesentlichen negativ beurteilt. Es entsteht der Eindruck, als seien aus den vorliegenden zahlreichen Quellen – Schriften und Briefe Pfitzners sowie Äußerungen von Zeitzeugen – vorzugsweise solche ausgewählt worden, die ein vorgefasstes Urteil stützen. Pfitzner wird konfrontiert mit Verhaltensformen, die ihn in die Ecken eines Reaktionärs, eines Antisemiten, eines Nazis stellen. Das ist heute das Schlimmste, was von einem Menschen gesagt werden kann. Im Folgenden soll versucht werden, aus der Vielzahl von Quellen diese Beurteilung zu überprüfen und die vielschichtige Persönlichkeit Pfitzners und ihre politischen Ansichten vollständiger zu erfassen und zu rekonstruieren.

Die Persönlichkeit[1]

Zunächst ein paar Daten zur Orientierung: 1869 Geburt in Moskau als Kind deutscher Eltern; der Vater Orchestergeiger, später Konzertmeister. Aufgewachsen in Frankfurt am Main und Besuch des dortigen Hochschen Konservatoriums. 1897 Tätigkeit als Lehrer am Sternschen Konservatorium Berlin und zeitweilig Kapellmeister am Theater des Westens. 1907 Ruf nach Straßburg und dort Chef des Konservatoriums und des städtischen Orchesters, zeitweilig auch der Oper. 1917 Uraufführung seiner Oper *Palestrina* in München, 1918 Flucht aus dem nun wieder französischen Strasbourg nach München; ab 1920 Leiter einer Meisterklasse für Komposition der Preußischen Akademie der Künste, Berlin, am Wohnort in Schondorf am Ammersee, ab 1929 bis 1934 hat er

---

[1] Nachweise bei J.-P. Vogel: Hans Pfitzner, Zürich/Mainz 1999 ; s. auch Rolf Tybout: Vision und Abgrund. HPGM 76 (2016/17), S. 36 – 62.

dieselbe Funktion an der Akademie der Tonkunst, München inne. 1943 Ausbombung; wohnt dann in Wien-Rodaun; flieht dort vor den Russen, lebt schließlich im Altersheim in München und stirbt 1949 in Salzburg. Ehrengrab auf dem Wiener Centralfriedhof in der Nähe der großen Kollegen.

Der Philosoph Arthur Schopenhauer, der bereits Richard Wagner sehr beeinflusst hat, geht aus von der Musik als der höchsten Kunst unter den Künsten, weil *»sie keineswegs gleich den anderen Künsten das Abbild der Ideen, sondern Abbild des Willens selbst«* sei; die anderen Künste *»reden nur vom Schatten, die Musik aber vom Wesen«*. Deshalb offenbart der Komponist *»das innerste Wesen der Welt«* und spricht *»die tiefste Weisheit aus in einer Sprache, die seine Vernunft nicht versteht. Daher ist in einem Komponisten mehr als in irgendeinem anderen Künstler der Mensch vom Künstler ganz getrennt und unterschieden«*. Das Genie lebe in seiner Kunst; deshalb sei *»selten große Genialität mit vorherrschender Vernünftigkeit gepaart«* und neige *»zum Unüberlegten, zum Affekt, zur Leidenschaft«*.

Pfitzner, der die Schopenhauersche Philosophie verinnerlicht hatte und nahezu jede Zeile auswendig kannte, steht vor uns wie ein lebendiges Abbild dieser Philosophie. Er war von früh an durchdrungen von dem Bewusstsein, ein Genie zu sein, maß der Musik den höchsten Rang unter den Künsten zu und sah im musikalischen Einfall das göttliche Geschenk ewiger Wahrheit. Aus dieser Selbsteinschätzung zog er den Anspruch auf Pflege des Werks und Verehrung seiner Person. Dieses egozentrische Selbstbewusstsein finden wir übrigens bei allen bedeutenden Komponisten der zweiten Hälfte des 19. Jahrhunderts und des beginnenden 20. Jahrhunderts bis hin zu Schönberg. Bei Pfitzner kam hinzu, dass er seine Werke immer nur in bester Qualität aufgeführt sehen wollte; dafür verzichtete er sogar auf Gagen und handelte opportunistisch; deshalb überwarf er sich aber auch immer wieder mit Interpreten. Er stand im Ruf, ein Querulant zu sein, und, je länger er lebte, unter dem Druck, alles selbst machen zu müssen.

Und Pfitzner erfüllte auch die andere Seite des Geniebildes: Er fühlte sich, auch von seiner zarten, nervösen Körperlichkeit her – er war nur 1,64 m groß und bis zu seinem 60. Lebensjahr mager – dem praktischen Leben nicht gewachsen, war lebensängstlich und deshalb überaus sekuritätsbedürftig. Er lebte aber in einer Zeit des Umbruchs, der Unsicherheit und der Neuorientierung auf allen Gebieten. Seine unangepassten, teilweise unvernünftigen Verhaltensweisen lassen sich fast alle auf das Bestreben, sich abzusichern, zurückführen. Das beginnt mit seinem vergleichsweise harmlosen, aber für andere lästigen Pünktlichkeitsfimmel und setzt sich fort mit seiner Manie, alles in Schriftsätzen und Denkschriften festzuhalten. Er hatte ein kohlhaas'sches Rechtsempfinden und hielt nichts von Diplomatie; er musste jedem seine wahre Meinung sagen, ein Grund, warum er sich mit vielen Regisseuren, Dirigenten und Musikern verkrachte, die er eigentlich brauchte, um seine Werke aufzuführen. Menschliche Verhältnisse mussten verlässlich sein; Freunde hatten ihn zu unterstützen; wenn sie ihre Meinung zu irgendeinem Punkt änderten, war dies für ihn Verrat; ein Mensch musste sich selbst treu bleiben. So trennte er sich z.B. von Thomas Mann, als dieser 1922 vom Konservativen zum Republikaner wurde, und so litt auch seine Freundschaft zu seinem Jugendfreund Cossmann, als dieser vom jüdischen zum katholischen Glauben übertrat.

Pfitzner, der aus kleinen, instabilen Verhältnissen kommend Geborgenheit suchte, fand erst mit 40 Jahren eine adäquate Stellung so, dass er nicht mehr von Mäzenen abhängig war. Aus dieser Position als Opernchef, Orchesterchef und Konservatoriumsdirektor in Straßburg musste er 1918 flüchten – ein Schicksal, das damals noch selten war und ausgerechnet ihn traf. 1926 starb seine Frau, der Mittelpunkt seiner Familie, und mit ihr löste sich die Familie auf; ein Kind starb nach längerem Siechtum, die zwei anderen verstieß er; sie starben ebenfalls vor ihm. Als er 1934, mit 65 Jahren, von der Bayrischen Akademie zur Ruhe gesetzt wurde, erhielt er wegen der Notverordnungen so gut wie keine Pension;

der Verlust fester laufender Einnahmen war ein Schock für ihn. Seine Angst, mittellos zu werden, trieb ihn noch im Alter, rastlos konzertierend, dirigierend und Regie führend bis in die tiefe Provinz zu reisen. 1943 wurde sein Münchner Haus zerbombt, 1945 musste er vor den Russen aus Wien fliehen und landete in zwei Zimmern in einem Münchner Altersheim – ein Leben mit ständigen Einbrüchen der Ungesichertheit.

Und wo hatte er eigentlich seine Heimat? In Moskau geboren, in Straßburg in seiner stärksten künstlerischen Wirksamkeit, in Salzburg gestorben, in Wien begraben- der »deutscheste« Komponist, wie er sich nach 1920 bezeichnete, suchte ein ideales Deutschland. Auch dabei orientierte er sich an Schopenhauer: dieser unterschied »*das eigentlich reale, vom Willen geführte Leben*« vom »*rein intellektuellen Leben*« und, wie es in dem der musikalischen Legende *Palestrina* vorangestellten Motto heißt: »*neben der Weltgeschichte geht schuldlos und nicht blutbefleckt die Geschichte der Philosophie, der Wissenschaft und der Künste*«. In dieser Geschichte Deutschlands lebte Pfitzner. Das reale Deutschland aber war eine Nation im Umbruch, alles andere als ideal, zuverlässig und gesichert. Das kompensierte er nach Versailles durch einen outrierten Nationalismus und eine heftige Abneigung gegen das benachbarte Ausland und Amerika, von denen er Feindseligkeit gewärtigte.

Selbst in seinem ureigenen Bereich, der Musik, wurde er mit dem Umbruch konfrontiert: um 1910 stellten Bartók, Strawinsky und insbesondere Schönberg die Grundlagen der Musik, in der Pfitzner aufgewachsen war, in Frage. Er sah sich und vor allem sein Werk gefährdet; seine ästhetische Heimat, die in der Klassik und Romantik gründende deutsche Musik, die traditionelle Harmonik und die auf Schopenhauer gegründete Einfallslehre, schien ihm von modernen Vorstellungen – den Visionen Busonis, der Aharmonik Schönbergs, der Hermeneutik Paul Bekkers, der Musikpsychologie Bahles –, aber auch von ausländischen Richtungen – z.B. dem Jazz – verdrängt. Doch so heftig er sich als Schriftsteller gegen Busoni, die atonale Musik, den propagierten Fortschritt des Materials, die außerdeutsche Musik zur Wehr setzte, so sehr trieb ihn sein eigenes Ausdrucksbedürfnis als Komponist bis in die Grenzbereiche der traditionellen Harmonik und Formenlehre und stellte damit seine eigene Ästhetik in Frage.

Pfitzner war übrigens literarisch hoch gebildet und lebte in Zitaten; sein skurriler Humor äußerte sich in assoziationsreichen Kalauern. Er war sich seiner Ecken und Kanten wohl bewusst: »*Ich bin ein böser Kerl, und in meinen Adern fließt nicht gerade Limonade*«. Wie seine ebenfalls schwierigen Zeitgenossen Hugo Wolf, Gustav Mahler und Arnold Schönberg reagierte er mit überaus geschärfter Sensibilität auf die Brüche seiner Zeit. Sein liebevoller Freund, der Dirigent Bruno Walter hat uns die treffendsten Beobachtungen hinterlassen; so rechnet er den Fünfzigjährigen zu jenen instinktstarken, wurzelhaften, eigenartigen und eigenwilligen Naturen, deren Wesen Romantik ist; »*sie haben wenig Breite, aber große Tiefe. Der Welt gegenüber folgen sie, willig oder unwillig, fast nur ihren Instinkten; denn so hell und mächtig das Licht der Vernunft in ihnen sein mag – und es ist bei Pfitzner z. B. von einer erstaunlichen Kraft –, mir scheint, es leuchtet nur nach innen und in diejenige geistige Sphäre, mit der ihr Talent sie verknüpft; hinaus in die Welt, auf das ‹Andere› fällt es wohl nicht. Sie leben in ihren Gedanken- und Gefühlskreisen mit beispielloser Intensität; was aber nicht dahingehört, sehen sie überhaupt nicht. Sie haben ein triebhaftes Verhältnis heißer Liebe und innerster Bedürftigkeit zu den Menschen; aber es kann sich nicht durch Erfahrungen regulieren und zu irgendeiner, wenn auch noch so resignationserfüllten Art von Harmonie mit dem Leben entwickeln. Fremd zu sein in der Welt, das Los und Leiden jedes Künstlers, ist deshalb niemandem schmerzhafter und anhaltender fühlbar als diesen in ihr eigenes schärfst umschriebenes Wesensgebiet dämonisch gebannten Naturen... Die ganze heiße Lebenskraft stürzt sich auf das, was der Augenblick gerade bietet; – hier liegt die Stärke und die Schwäche, der persönliche Reiz und das Befremden seines Wesens*«.

Pfitzners politische Haltung

Dachte Pfitzner politisch? Er selbst hat wiederholt erklärt, dass er von Politik nichts verstehe. Fasst man den Begriff etwas weiter, so hat eine Persönlichkeitsstruktur wie die seine auch ihre politischen Komponenten. Er war in dieser Hinsicht kein origineller Denker und empfing spätestens im 1. Weltkrieg im Umgang mit seinem engsten Freund Paul Cossmann einige politische Urerkenntnisse, aus denen er bis zu seinem Lebensende lebte und argumentierte. Pfitzner empfand national deutsch – wie übrigens um die Jahrhundertwende die weitaus meisten Deutschen. Cossmann gab seit 1904 in München die *Süddeutschen Monatshefte* heraus, an denen Pfitzner zeitweise als Mitherausgeber wirkte. Sie setzten dem als international empfundenen Berliner Geist die Tradition deutschen Geistes entgegen und entwickelten sich im Laufe des 1. Weltkriegs und nach dem demütigenden Friedensschluss von Versailles zunehmend chauvinistischer. Diese Haltung fand umso mehr Pfitzners Sympathie, als er sich – wie übrigens schon Johannes Brahms sowie Richard Strauss und Schönberg – in der Tradition der deutschen Musik stehend sah. Bei Pfitzner kommt aber noch seine ausgeprägte Werkegozentrik hinzu: sein Deutschlandbild enthielt von Anfang an die herausgehobene Pflege der deutschen klassischen und romantischen Musik und damit die Pflege seiner eigenen Musik, die nicht nur er, sondern auch andere Musiker als deutsch empfanden. Und, das ist bedeutsam: sein Bild von deutscher Kultur schloss stets den Beitrag der deutschen Juden mit ein.

Ein erstes, aber für Pfitzner sehr typisches politisches Zeugnis ist ein Gedicht zum 1. Weltkrieg, das er in den »Süddeutschen Monatsheften« 1914 veröffentlichte (allerdings nicht in seine Gesammelten Schriften übernahm). In den ersten zwei Strophen polemisiert er heftig gegen ausländische zeitgenössische Dichter, z.B. d'Annunzio und Maeterlinck, die im Ausland »Deutschlands Ruf verpesten« und insbesondere dagegen, dass wir Deutschen sie gleichwohl »an den Busen nehmen«. Für Pfitzner charakteristisch ist dann die dritte Strophe, deretwegen das ganze Gedicht geschrieben scheint:

Euch ging's anders, herrliche Gestalten:
Bürger, Schopenhauer, Wagner, Kleist,
Edelste von allem edlen Geist!
Denn das schlechtste Los in Deutschland haben
Die, die deutsche Art am höchsten halten.

Diese Strophe hat offensichtlich garnichts mit dem 1. Weltkrieg zu tun, vielmehr spricht sie vom Ergehen deutscher Genies, die alle zu Pfitzners Bildungswelt gehören, und ihrer Vernachlässigung in Deutschland. Er rechnete sich natürlich zu denen, »die deutsche Art am höchsten halten« und deshalb in Deutschland nicht gepflegt werden.

In der Schrift *Futuristengefahr* (1917) setzt sich Pfitzner mit Busonis *Entwurf einer neuen Ästhetik der Tonkunst* auseinander. Typisch für Pfitzner ist die defensive Haltung; er sah sich immer mit dem Rücken an der Wand. Im Falle Busonis ging es um

– die Verteidigung der präsenten großen Vergangenheit der Musik gegen eine spekulative, von Busoni erhoffte, noch zukünftige Musik;
– die Verteidigung der aus dem inspirierten Einfall geborenen autonomen Musik gegen eine Musik aus zuvor erdachten Kompositionstechniken; das Genie schaffe sich seine Techniken im Kompositionsvollzug selbst;
– die Verteidigung Schumanns als eines, der Neues geleistet hat, gegen Berlioz und Liszt, die Neues angestrebt, aber nicht geschaffen haben;
– die Verteidigung der »Treue gegen das Kunstwerk« gegen Bearbeitungen durch Interpreten;

– die Verteidigung deutscher Ausdrucksweisen wie »Tiefe« oder »musikalisch«, gegen die Busoni polemisiert.

Pfitzners Hauptpunkt ist die Kritik an der »gewissen Zielstrebigkeit« hinsichtlich der weiteren Musikentwicklung, d.h. an der Fortschrittsgläubigkeit in der Kunst; er hält ihr entgegen, dass es wohl in der Wissenschaft, nicht aber in der Kunst einen Fortschritt gäbe, denn jedes gelungene Kunstwerk sei »eine Welt für sich«; es könne nicht von einem späteren Kunstwerk überholt werden. –

Pfitzner sieht also seine Ästhetik und das Deutsche gefährdet, polemisiert aber nicht mehr als Busoni auch und ist, wo er das Deutsche vertritt, nicht pointiert nationalistisch. Dem knalligen Titel wird der Vorwurf gemacht, er rücke Busoni zu Unrecht in die Ecke der italienischen Futuristen im engeren Sinne; aus dem Text ergibt es sich nicht; Pfitzner nennt Menschen, die wie Busoni dem Fortschrittsglauben unterliegen, »Futuristen«. (Aus den Randbemerkungen Schönbergs und Hindemiths in deren Handexemplaren geht übrigens hervor, dass auch diese Komponisten viele der Busonischen Thesen aus ähnlichen Gründen wie Pfitzner ablehnten. Sie haben es nur nicht ausgearbeitet und veröffentlicht[2].)

Weit treffender als Zeugnis seiner politischen Haltung ist die Schrift *Die neue Ästhetik der musikalischen Impotenz*, 1920 erschienen und in mehreren Auflagen nachgedruckt. Die Handvoll unerfreulicher Zitate, die von Pfitzner im Umlauf sind, stammt aus diesem Buch. Wieder geht es um die Bewertung der bisherigen Musik. Der Titel parodiert den von Busonis Büchlein und stellt damit eine geistige Verbindung zwischen Busoni und dem Musikschriftsteller Paul Bekker her; gegen diesen richtet sich die Schrift und gegen sein seit 1911 immer wieder aufgelegtes Beethoven-Buch, insbesondere gegen den Teil »Beethoven der Tondichter« und dort gegen den Leitgedanken, Beethovens Werk aus einer »poetischen

---

[2] Näheres im Beitrag Geplanter Fortschritt versus Organische Entwicklung in diesem Buch.

Idee« heraus erklären zu können. Da Paul Bekker bis 1920 auch noch weitere Schriften, u.a. über Gustav Mahler und andere zeitgenössische Komponisten veröffentlicht hatte, sah Pfitzner einen Horizont von neuer Musik mit Beethoven als Ahnherrn aufgebaut, – neuer Musik, die nicht aus dem Einfall, sondern aus einer außermusikalischen poetischen Idee oder einem Programm erwächst. Da er die inzwischen entstehende Musik der jüngeren Komponisten wahrnahm und deren Verwendung neuer Harmonien und Instrumente, machte er Bekker zu einem Exponenten der neuen Musik. Wieder fühlte er seine ästhetische Heimat angegriffen und sich zu einer profunden Darstellung seiner Einfallslehre provoziert.

Leider beließ er es nicht dabei, sondern kleidete diese relativ sachliche, lesenswerte Darstellung ein in eine wütende chauvinistische Polemik, in der er in einem großen Rundumschlag auf die politische und gesellschaftliche Situation Deutschlands nach Versailles eingeht. Er sieht Deutschland umgeben von einem missgünstigen Ausland. Für ihn ist der Ansatz, deutsche, aus dem Einfall geborene Musik aus einer außermusikalischen poetischen Idee zu erklären, zugleich der Versuch, den Deutschen nach der Demütigung durch den Versailler Frieden auch noch ihre Musik (und damit auch seine Musik) zu nehmen. Die neue Musik sei undeutsch international und verdränge bereits die deutsche Musik.

Pfitzner unterscheidet zwischen autonomer einfallsgezeugter, deutscher – und außermusikalisch programmierter, internationaler Musik. Dabei stellt er das Internationale, das internationale Judentum und die ausländischen Feinde auf eine Stufe. Eine zusätzliche Komplikation entsteht dadurch, dass für ihn national eingestellte Juden Deutsche sind, während international eingestellte Deutsche zum internationalen Judentum und damit zu den Feinden zählen. Diese gedankliche Verschränkung, die im stark national aufgeladenen Deutschland jener Zeit verbreitet war, hatte zwei Gründe: zum einen gab es stets eine starke Abneigung deutscher assimilierter Juden (auch z.B. von Seiten Cossmanns) gegen einwandernde Juden aus dem Osten; das wirkte wie eine partielle Spielart des

Antisemitismus. Abgesehen davon beschäftigte national empfindende Deutsche schon seit der Mitte des 19. Jahrhunderts das Problem, wie weit die in Deutschland lebenden Juden als Volksfremde und Fremdrassige die deutsche Kultur aushöhlen könnten (»Judenfrage«)[3].

Für Pfitzner spielte freilich die rassische Komponente keine Rolle, denn er setzt national denkende Juden und Nichtjuden gleich. Während er das eigengesetzliche (zionistische) Judentum für eine Nation in der Nation hielt und hier ein nationales Problem sah, lehnte er Hitlers »kammerjägerartige« Ausrottungspläne grundsätzlich ab. Dieser Unterschied war bereits Gegenstand eines von Cossmann vermittelten Gesprächs Pfitzners mit Hitler 1923. Pfitzner hatte zahlreiche assimilierte jüdische Freunde und Schüler- u.a. Paul Cossmann, Bruno Walter, Otto Klemperer, Felix Wolfes u.a. – die (bis 1933) alle wie er national deutsch eingestellt und natürlich von seiner Philippika weder gemeint waren noch sich getroffen fühlten. Er verehrte Gustav Mahler als Menschen und Dirigenten wie kaum einen anderen. Pfitzner behauptete nicht wie Richard Wagner, die jüdische Rasse sei nicht in der Lage, bedeutende Musik hervorzubringen. Wenn er sich kritisch zu Mendelssohns oder Mahlers Musik äußerte, hatte dies rein musikalische Gründe. Pfitzner wollte sich auch nicht- wie Wagner- seiner jüdischen Konkurrenten entledigen! So nennt er auch- anders als Wagner- keine Namen (Bekker wird nicht als (Halb)Jude, der er war, angesprochen), wenn man auch vermuten kann, dass Schönberg, aber auch Berg und alle anderen nichtjüdischen Atonalen, dazu Strawinsky und Bartók, gemeint sind. Pfitzners Antisemitismus war ein Zwitter: Sabine Busch, in ihrem fundierten und vorbildlich sachlichen Buch *»Hans Pfitzner und der Nationalsozialismus«*, trifft es mit ihrer Feststellung, Pfitzner habe einen theoretischen Antisemitismus vertreten, aber einen persönlichen Philosemitismus prakti-

---

[3] Näheres dazu im Beitrag Pfitzners komplizierte Haltung zu Juden und Judentum in diesem Buch.

ziert; das Ärgerliche sei, dass er den theoretischen Antisemitismus nicht wenigstens nach 1933 abgelegt habe.- International und damit undeutsch ist für Pfitzner auch der Jazz; auch hier dürfte eine eventuelle rassistische Note (»Negermusik«) hinter das Feindbild Amerikanismus zurückgetreten sein.- Für Pfitzner ist das alles keine deutsche, deshalb keine gute und deshalb keine in Deutschland förderungswürdige Musik.

Damit beging Pfitzner einen leider Schule machenden Fehler: er vermischte die Bewertung von Musik mit politischen Kategorien des Chauvinismus, Antirepublikanismus und Antisemitismus. Er tat dies, obwohl dies gegen seine eigene Auffassung von autonomer Musik verstieß, und er tat es zu einem Zeitpunkt, in dem dies hochbrisante Folgen hatte. Pfitzner instrumentalisierte verbreitete gesellschaftliche Aversionen und Ängste zur Abwehr der neuen Musik. Das taten übrigens damals viele national konservativ eingestellte Musikkritiker, aber Pfitzner war der prominenteste, machte die Methode »hoffähig« und stützte sie mit seinem Prestige. Verhängnisvoll wurde sie, als die Nazis sie radikalisiert für ihre Kunstpolitik übernahmen. Die Auseinandersetzung um Wagner in Israel macht anschaulich, wie sehr die Methode sich verselbständigt hat und noch immer virulent ist.

Ein weiteres Zeugnis politischen Verhaltens ist Pfitzners Teilnahme am *Protest der Richard Wagner Stadt München* 1933. Die 40 Unterzeichner, nationalkonservative Münchner Prominente (darunter neben Pfitzner auch Richard Strauss und ein Nazi der ersten Stunde, Max Amann) missbilligten zwei Handlungen Thomas Manns: zum einen, dass er in der 2. Auflage seiner *Betrachtungen eines Unpolitischen* (1928) stillschweigend die antirepublikanischen Passagen gestrichen hatte, und zum zweiten, dass er seine kritisch-analytische Rede über Richard Wagner (1933) außer in München auch im feindlich empfundenen Ausland, in Amsterdam, Brüssel und Paris hielt. Dies wurde als unpatriotisch und antikonservativ empfunden. Die öffentliche Missbilligung führte zu einem peinlichen Bündnis: sie arbeitete den Nazis willentlich oder unwillentlich in die Hände, denn diese wollten Mann wegen seiner, gegen die Nazis gerichteten *Deutschen Rede* (1930) ohnehin demontieren. Mann zog es daraufhin vor, im Ausland zu bleiben. Pfitzner galt schon bald als Drahtzieher dieses Protestes; nach den insoweit eindeutigen Quellen kam er aber erst später dazu und gab seine Unterschrift erst, nachdem eine Mann besonders kränkende, alberne Passage des Textes gestrichen worden war. Nachweislich war der Dirigent Knappertsbusch der Organisator. Es bleibt aber der Vorwurf bestehen, dass Pfitzner den »Richard Wagner-Protest« mit unterschrieben hat[4].

Bekannt national denkend und als Antisemit missverstanden hätte Pfitzner nach der Machtergreifung eine musikpolitisch wichtige Funktion erhalten können, er hätte herausgehoben geehrt und seine Musik aller Orten aufgeführt werden können. Dies ist nicht geschehen. Pfitzner hat zwar selbst einiges getan, um sich als »deutschester« Komponist in Erinnerung zu bringen, doch sorgten die Nazis, insbesondere Hitler und Goebbels, dafür, dass Ämter, Ehrungen und Aufführungen sehr dosiert blieben. Sabine Busch hat dies in ihrem schon erwähnten Buch gesammelt und dargestellt.

Pfitzner galt den Nazis als unsicherer Kantonist. Mit Recht: Zwar unterschrieb Pfitzner in den ersten Jahren Wahlaufrufe für die Nazis und suchte Kontakte zu ihnen, weil er sich davon Aufführungen versprach. Das reute ihn schon bald, weil die Förderung ausblieb. Aber er war auch sonst wenig entgegenkommend: er wurde nicht Parteigenosse; er setzte sich für Juden wie Felix Wolfes, Paul Cossmann und den Regisseur Otto Ehrhardt sowie für Opern wie Marschners *Templer und Jüdin* (mit einer Verherrlichung der Jüdin) ein; er schrieb weder, wie er kalauerte, »Pimpfonien in Bal-dur«[5], noch eine Olympia-Hymne; auch eine Sommernachtstraum-Musik als Ersatz für die verbotene von Mendelssohn ver-

---

[4] Näheres im Beitrag Thomas Mann und Hans Pfitzner in diesem Buch.
[5] Baldur von Schirach war unter den Nazis u.a. für die Hitlerjugend zuständig; die Jugendlichen dieser Organisation wurden »Pimpfe« genannt.

weigerte er mit der Begründung, Mendelssohns Musik sei der Schlegel-Tieck-Übersetzung Shakespeares »kongenial«, er, Pfitzner, *»wäre nie in der Lage, eine bessere Musik zu schreiben«*. 1941 konnte Pfitzner ein Sammelbändchen mit den von ihm vertonten Gedichten nur als Manuskript drucken lassen, weil er auf die Aufnahme der neun Gedichte deutscher Juden (Heine, Jakobowski, Cossmann) nicht verzichten wollte. Für ihn bestand die deutsche Kultur immer noch unter Einschluss des jüdischen Beitrags.

Also unterstützten ihn die Machthaber nur gebremst. Einige Beispiele:

– Als Pfitzner 1934 65 Jahre alt wurde, entließ ihn die Münchner Akademie korrekt in den (schwach dotierten) Ruhestand. Die Münchner Akademie hatte die normale Ruhestandsregelung angewandt, weil Pfitzner seiner Dienstpflicht, eine Meisterklasse für Komposition zu führen, in den fünf Jahren seiner Zugehörigkeit nicht nachgekommen war. Die Nazis änderten die Ruhestandsregelung nicht ab. Pfitzner geriet über den Wegfall seiner laufenden Bezüge regelrecht in Panik; er forderte einen Ehrensold und legte sich mit Göring, der den ablehnte, so mutig wie unbegründet an, denn jener hatte Recht mit dem Argument, Pfitzner habe für die Gewährung eines Ehrensoldes ein zu hohes Einkommen aus Tantiemen und Honoraren.

– Pfitzner erhielt keinerlei leitende Tätigkeit im Musikleben: weder wurde er 1934 Intendant der Städtischen Oper Berlin, noch erhielt er 1938/39 eine Position an der Wiener Staatsakademie für Musik und bildende Kunst. Zwar wurde er 1936 von Goebbels mit 59 anderen in den Reichskultursenat berufen, doch kam dieses Gremium nur zweimal zusammen; das Amt brachte weder Einfluss noch Bezüge.

– Die Feiern, Ehrungen und Aufführungen zum 70. und 75. Geburtstag wurden »von oben« beschränkt zugemessen; mit denen zum 60. Geburtstag 1929 konnten sie nicht entfernt konkurrieren. Auch den neu geschaffenen Nationalpreis erhielt Pfitzner nicht. Er war nach den Worten von Sabine Busch den Machthabern »weder wichtig noch sympathisch genug«.

Das änderte sich nach Kriegsbeginn insofern, als Pfitzner nun als Vertreter deutschen Kulturgutes in den besetzten Gebieten verwendet werden konnte; Pfitzner griff die angebotenen Aufführungsmöglichkeiten in Straßburg, Paris, Antwerpen, im Warthegau und im Generalgouvernement selbstverständlich auf; und da die Potentaten in den Ostgebieten sich mäzenatisch gerierten und die Künstler aus dem »Reich« in jeder Hinsicht verwöhnten, folgte auch Pfitzner (wie z.B. auch Richard Strauss) den Einladungen gern. So empfing Generalgouverneur Frank Pfitzner dreimal in Krakau zum Dirigieren, transportierte ihn in seinem Salonwagen und versorgte Pfitzner mit dem allabendlichen Rotwein selbst dann noch, als die Gouvernementsregierung gegen Ende des Krieges nach Bayern »ausgelagert« war. Pfitzner revanchierte sich mit einem kleinen Orchesterstück und sandte seinem mäzenatischen Freund, als der als Kriegsverbrecher in Nürnberg zum Tode verurteilt wurde, ein Trosttelegramm- schweigen wäre ihm sicher als Verrat erschienen[6].

Ob Pfitzner wusste, mit welchen Leuten im Osten er sich da eingelassen hatte? Hat er außer den polnischen Orchestermitgliedern sonst Polen und ihre Verhältnisse gesehen? Wir wissen darüber nichts. Mit Mord und Vertreibung der Polen war er sicher nicht einverstanden. Hätte er die Einladungen ablehnen sollen? Für ihn dürfte ausschlaggebend gewesen sein, dass dort Gelegenheit geboten wurde, seine Werke aufzuführen. »*Unglücklich das Land, das Helden nötig hat*«, sagt Bertolt Brecht im »Galilei«- wie verhielt der sich am 17. Juni 1953? Wie verhielten sich Schostakowitsch und Prokofieff unter dem Druck Stalins?

Die letzte 'politische' Äußerung ist die erst 1987 posthum veröffentlichte *Glosse zum II. Weltkrieg*. Sie ist eine der wenigen umfangreichen Schriften Pfitzners, die nichts mit Musik, sondern mit seinem Denken nach dem Zusammenbruch zu tun hat; sie wurde

---

[6] Näheres dazu im Beitrag Pfitzner und »Polen-Frank« in diesem Buch.

von ihm nicht veröffentlicht. Sie verteidigt Deutschland als Idee, wendet sich gegen die Kollektivschuld und verurteilt Hitler in allen Punkten. Sie ist in ihrer Widersprüchlichkeit und Unvollständigkeit ein Zeugnis der Hilflosigkeit nach der Zerschlagung alles dessen, woran Pfitzner politisch glaubte. Noch einmal akzentuiert er seine nationale Haltung (ich zitiere die zugespitzteren Formulierungen im letzten Brief an Bruno Walter vom 5. 10. 1946): »*Diesem Volke bin ich schicksalsverbunden, und ich habe es nicht etwa immer leicht gehabt, ihm anzugehören... Jetzt, am Abend meines Lebens sitze ich unbeachtet, verboten,* »*unerwünscht«, unterdrückt, in einem Fürsorgeheim... Ich aber, trotz alledem bleibe dem Land getreu, dem Lande Luthers, in dem die h-moll-Messe und der »Faust« entstanden sind, das den »Freischütz« und Eichendorff, die »Pastorale« und die »Meistersinger« hervorgebracht, in dem die Vernunftkritiken und die »Welt als Wille und Vorstellung« gedacht worden sind- diesem Land bleibe ich treu bis zu meinem letzten Hauch.*«

Pfitzner sieht wie 1920 das »intellektuelle Leben« Deutschlands unabhängig von der »realen Geschichte«. Thomas Mann überwindet im »Dr. Faustus« diese Trennung. Pfitzner, der verbitterte, im Altersheim sitzende, hinfällige, fast blinde 77jährige Greis behält sie bei; seine Idee von Deutschland war wohl seine letzte Geborgenheit.

Das Sich selbst und seinen Überzeugungen-Treubleiben und die Fokussierung all seines Denkens und Handelns auf die Verbreitung seines Werkes waren allemal intensiver als jede menschliche oder politische Bindung. Sein Egozentrismus schloss die Verwendung bedenklicher Haltungen und Handlungen ein – Haltungen und Handlungen, die dann von den Nazis für ihre Zwecke übernommen wurden. Die Tatsache, dass Pfitzner bei den Nazis nicht so gut ankam, wie er gehofft und beansprucht hatte, kann gegen die Politisierung, die er in der Weimarer Republik unterstützt hat, nicht aufgerechnet werden. Immerhin wird aber am Umgang des Dritten Reiches mit ihm sichtbar, dass nationale Einstellung allein ihm nichts einbrachte. Die rassistische Säuberung und Intelligenzfeindlichkeit wollte Pfitzner nicht mittragen.

War Pfitzner ein politischer Komponist?

Bei einem politisierenden Komponisten ist die Frage angebracht, welchen Einfluss seine politischen Auffassungen auf sein Werk haben. Inzwischen sind alle Werke veröffentlicht. Wir haben also die Möglichkeit, einen eventuellen Einfluss seiner politischen Haltung festzustellen. Soviel lässt sich allerdings gleich sagen: Da die Nazis Pfitzners Musik nicht gefördert haben, spricht viel dafür, dass sie offenbar nicht faschistisch ist.

– Ob Chauvinismus, Antisemitismus oder Faschismus überhaupt in Musik zu setzen sind, ist fraglich. Politisch wird Musik erst durch den Kontext, z.B. verbale Hinweise. Faschistisch, chauvinistisch oder antisemitisch unterlegte Musik, Parteitagsouvertüren, Olympiahymnen, Märsche u.ä. hat Pfitzner nicht geschrieben. Musik kann zwar menschliche Empfindungen, nicht aber Überzeugungen spiegeln. Selbst unter den Stilvorgaben des Sozialistischen Realismus, im Rahmen der Stalinschen Kunstästhetik, konnte Schostakowitsch die Stimmungen, in die ihn die herrschende Repression drängte, ausdrücken.

– Es gibt zwei Politikern gewidmete Stücke in Pfitzners Werk: die dem kaiserlichen Admiral von Tirpitz gewidmeten *zwei Deutschen Gesänge* und das dem Generalgouverneur Frank gewidmete Orchesterstück *Krakauer Begrüßung*. Die in den Gesängen vertonten Gedichte von Kopisch und Eichendorff sind nicht anlassgebunden, wenn nicht den blasend auf einer Eisscholle untergehenden Trompeter mit dem zurückgetretenen Admiral gleichsetzen und das Klagelied Eichendorffs über die Situation Preußens unter Napoleon auf den Zustand der aktuellen Reichsregierung übertragen will. Die *Krakauer Begrüßung* ist als Dank an den Mäzen Frank gedacht; das sehr kurze Stück enthält als Mittelteil eine kleine Polonaise, die auf die von den Nazis unterdrückte polnische Kultur anspielt. Und es gibt, zur gleichen Zeit wie die *Krakauer Begrüßung* komponiert, *die drei Gesänge auf Gedichte von Werner Hundertmark*, die einzige Komposition, mit der Pfitzner auf Zeitumstände reagiert – Gedichte, die die trostlose Stimmung einer enttäuschten und verratenen jungen Generation wiedergeben[7].

- Als faschistisch wird Pfitzner auch die Tatsache ausgelegt, dass es in vier der fünf Opern Pfitzners keine erotische Beziehung gibt, sondern Frauen nur als Tote, Feen oder opferbereite Jungfrauen vorkommen. Grundlage dieses Vorwurfs ist die Erkenntnis Klaus Theweleits (*Männerphantasien*), dass der »soldatische Mann«, ein Leitbild der deutschen faschistischen Gesellschaft, Frauen nur als Heilige oder Tote verehre; hinsichtlich lebender Frauen und ihrer Erotik aber sei er angstbesessen und verklemmt anfällig für Antisemitismus und Faschismus. Freilich entsprechen auch die Protagonisten der Opern nicht dem konventionellen Heldenbild: der arme Ritter Heinrich ist fast während der ganzen Oper siech; Siegnot in der *Rose vom Liebesgarten* schon am Ende des 1. Aktes von den Vertretern des Bösen niedergeschlagen und am Ende des 2. Aktes tot; Athanasius in *Das Herz* eher faustisch als heldisch. Immer geht es Pfitzner um das Drama der Selbstüberwindung zu ethischem Verhalten. Im *Palestrina* geht es zudem um die Auseinandersetzung zwischen autonomem Künstler und überheblichen Machthabern. Was schließlich die erotischen Beziehungen betrifft, so gibt es einerseits in *Das Herz* eine Liebesbeziehung zwischen den Protagonisten, zum anderen gibt es auch von anderen faschistisch nicht verdächtigten Komponisten Opern ohne erotische Beziehungen zwischen den Hauptpersonen: z.B. Mussorgskis *Boris Godunow*, Janáceks *Aus einem Totenhaus*, Schönbergs *Moses und Aron*. Theweleits Thesen gehen bei Pfitzners Opern schon deshalb fehl, weil deren Protagonisten alles andere als »soldatische« Charaktere sind; sie sind geradezu negative Helden. Die Musik widerspricht jeder Fehldeutung.

- 'Politisch' könnte aber auch das »Deutsche« sein, ein Spiegel seines Nationalbewusstseins. In der Rückschau sind Richard Strauss und Hans Pfitzner Letzte in der großen deutschen Tradition, von der Schönberg meinte, seine Zwölftonmethode habe ihr die nächsten 100 Jahre gesichert. War dieses Deutsche nur Ausdruck der Überheblichkeit? Wir sind geneigt, heute so zu

---

[7] Näheres dazu im Beitrag Opera in tempore belli in diesem Buch.

denken. Es gibt aber unabweislich genauso, wie wir historische Perioden der niederländisch-flämischen Musik, der italienischen und der französischen Musik zuordnen, eine Periode, in der die deutsche (und österreichische) Musik den Maßstab setzte: die Musik ab Bach und insbesondere die Wiener Klassik und die deutsche Romantik. In ihr wurzelte Pfitzner. Jedes seiner Werke ist ein immer neuer Versuch, gleichzeitig am Vorhandenen festzuhalten und auf Neues auszugreifen, auf Geborgenheit zu beharren und sie zugleich verlassen zu müssen. Damit machte Pfitzner als Komponist immer wieder von der Freiheit Gebrauch, seine Musiksprache individuell auszudehnen über die Grenzen der traditionellen Harmonik hinaus. Der romantische Unterton seiner Werke dürfte von Anfang an den Eindruck des Deutschen an Pfitzners Musik verursacht haben; diesen hat er dann gern verbal unterstützt. Nationalistisch auftrumpfend ist Pfitzners Musik nicht; wo sie zu musikalischen Appellen ansetzt – wie im Schlussgesang der Eichendorff-Kantate – konterkarieren Stockungen und Eintrübungen – der von Wolfgang Rihm festgestellte »stockende Schwung« – den Ansatz. Pathetik zerfällt immer wieder in kammermusikalische Lyrik und erweist sich als kulissenhaft. Im Alterswerk scheint es, als solle das Ende der deutschen Musik noch hinausgeschoben werden. Aber nicht triumphal, sondern umgekehrt parallel zum Aufstieg Deutschlands zum »Großdeutschland« in immer stilleren Tönen (die Bruno Walter auffielen). Das Gleiche lässt sich auch im Spätwerk Richard Strauss' feststellen.

So steht er vor uns: als ein höchst irritierender Mensch und als von diesen Widrigkeiten unberührter Komponist. Hat Schopenhauer mit seiner Trennung des realen Lebens von den davon unberührten Künsten doch Recht? Bruno Walter hat es in Briefen an Freunde nach Pfitzners Tod auf einen Nenner gebracht: *»Ich bin vollkommen Deiner Ansicht, daß er die bedeutendste Gestalt von den schöpfenden Musikern unserer Epoche gewesen ist. Seine Größe ist jedenfalls nicht an der Breite seiner Wirkung zu messen«.* Und: *»Haben wir nicht in seinem Wesen die seltsamste Mischung von wahrer Größe und Intoleranz, die vielleicht* *je das Leben eines Musikers von solcher Bedeutung problematisch gemacht hat?«*

Ein Egozentriker für sein Werk und dessen Erklingen; wurzelnd in der Romantik Schumanns und Wagners, aber ein Komponist der Gebrochenheit seiner Zeit; ein Verfechter der deutschen (seiner) Musik, aber mit dem schmerzlichen Bewusstsein, dass diese große Periode zu seinen Lebzeiten in der Pluralität des Neuen unterging; ein Sucher von Heimat und Geborgenheit zu einer Zeit und in einem Land ständigen Umbruchs; ein starrköpfiger Verteidiger eines idealisierten Deutschland, aber kein völkischer Rassist; ein Streiter gegen schädlich empfundene internationale Einflussnahme, aber ein Bekenner für den jüdischen Beitrag zur deutschen Kultur; ein Kämpfer gegen eine skurril definierte Weltanschauung, das »Weltjudentum«, dem auch Nichtjuden angehörten, doch Hass gegen Juden ist von ihm nicht geäußert worden. Grausamkeit gehörte für ihn nicht zur Idee des Deutschen, und doch musste er die deutschen Verbrechen gegen die Juden zur Kenntnis nehmen.

Am Schluss klaffte eine zu große Kluft zwischen Realität und Idee Deutschlands, seinem Nationalbewusstsein war die Nation verloren gegangen. Ihm blieb am Ende seines Lebens eine tiefe Bitterkeit, die bis in seine letzte Komposition, die *Orchesterfantasie* hineinreicht.

Hans Pfitzners Haltung zur Moderne

Pfitzner gilt nach tonangebendem Feuilleton-Urteil über seine Schriften und seine Musik als Reaktionär. Doch bereits von seinen Zeitgenossen und in der Fachliteratur wurde er als Komponist vom Jugend-*Cellokonzert* an, seiner ersten Oper *Der arme Heinrich* und dem *Klaviertrio* op. 8 an bis zur Chorphantasie *Das dunkle Reich*, also von 1888 bis 1929 als ›modern‹ empfunden. Wolfgang Osthoff weist am Beispiel zweier Werke nach, dass die Musik Pfitzners dem jeweiligen ‚historischen Materialstand' entsprach.[1] Meng-Hua Wu wertet in einer neueren Doktorarbeit Pfitzners Verwendung des Kontrapunkts als ›neu‹.[2] Der im letzten Jahrhundert tonangebende Musikkritiker Hans Heinz Stuckenschmidt schreibt 1929 über die Chorphantasie *Das dunkle Reich*;[3] »*Frappant, wie sein Harmoniegefühl erweitert, seine Metrik plötzlich differenziert ist. Es gibt Stellen, die an Strawinskys Sacre gemahnen, Strecken im Fugato, die als Beispiel modernster Kontrapunktik angesprochen werden könnten*«. Als Dichter lässt Pfitzner seinen *Palestrina* über den jungen, sich entwickelnden Komponisten Silla, den Schüler, der ihn verlässt, um zu ›moderneren‹ Komponisten in die Lehre zu gehen, sagen: »*Er ist ein Junge, voll von Gottesgabe, / zu wehren ihm fühl ich kein Recht. / [...] Vielleicht wohl hat er recht! Wer kann es wissen?*«

Anders scheint er in seinen Schriften zu denken: Busoni gegenüber vertritt er in seiner Schrift *Futuristengefahr*[4] die Meinung, dass es Fortschritt in der Kunst nicht gibt. Im Vorwort zur dritten Auflage seiner Schrift *Die neue Ästhetik der musikalischen Impotenz*[5]

---

[1] W. Osthoff, »Pfitzner und der ›historische Materialstand‹«, in: *Symposium Berlin* 115-146 (Ganztonleitern im Lied *An den Mond* op. 18 und Bitonalität in der Ouvertüre zum *Käthchen von Heilbronn* op. 17 a).

[2] Meng-Hua Wu, *Kontrapunkt in der frühen Kammermusik Hans Pfitzners* (Marburg 2007).

[3] Zitiert nach W. Abendroth, S. 486.

[4] Zitiert nach *GS* I S. 185-223.

[5] Zitiert nach *GS* II S. 99-281 (Vorwort zur dritten Auflage: S. 103-131).

polemisiert er gegen die »aharmonische«[6] Musik als eine Musik ohne Publikum; und in der Schrift selbst gegen eine Musik auf der Basis von außermusikalischen Programmen. Wie ist das vereinbar? Wir haben uns angewöhnt, diesen Widerspruch mit den Weisheiten zu harmonisieren, dass Pfitzner eben als Künstler klüger war denn als Schriftsteller, und dass allgemein das Kunstwerk klüger ist als sein Schöpfer. Aber sehr befriedigend ist diese Auskunft nicht. Ist auch hier – wie es Adorno[7] zum *Palestrina* sagt – die Beschaffenheit Pfitzners von Klischees verdeckt? Machen wir uns ein Bild von seinen Schriften.

Defensive Positionen

Pfitzners Schriften zur Musik sind defensiv. Er schreibt gegen das, was ihm im Blick auf sein Werk gefährlich erscheint.

Gegen neue Mittel als Voraussetzung zukünftiger Musik

In der Schrift *Futuristengefahr* reagiert er 1917 auf Busonis *Ästhetik*. Lassen wir uns nicht durch den polemischen Titel, der meines Erachtens in eine falsche Richtung weist, beirren. Busoni war kein Futurist, und es ist zweifelhaft, ob Pfitzner die Äußerungen der echten Futuristen überhaupt kannte. Mit dem Titel erschöpft sich bereits die Polemik dieser Schrift; sie ist kein »ätzend-nationalistisches Gegenpamphlet«;[8] Pfitzner nimmt im Unterschied zu Busonis Fürsprechern, die die Schrift für eine Utopie, ein

---

[6] *GS* II S. 119.

[7] »Kaum einer unter den gegenwärtigen Komponisten, dessen Beschaffenheit von den Klischees so gründlich verdeckt würde, die man ihm aufprägt, wie Pfitzner« (Theodor W. Adorno in einer Rezension der Frankfurter *Palestrina*-Premiere vom 7.5.1933). Dazu Chr. Hust: Die Antithese als Irritation – Adorno und Pfitzner. HPGM 71 (2011), S. 104 ff.

[8] H. H. Stuckenschmidt in F. Busoni: *Entwurf einer neuen Ästhetik der Tonkunst. Mit Anmerkungen von A. Schönberg*. Frankfurt/M. 1974, S. 78; ähnlich z.B. J.M. Fischer, »Hans Pfitzner – Komponist der deutschen Seele«, *Merkur* 62 (2008) 328-332 (330).

Kunstwerk halten, diese ernst und antwortet auf die absichtsvoll-weltmännischen Provokationen Busonis in angemessener, mitunter ironischer Form.

Busoni trifft mit seiner Schrift von 1906 einen sensiblen Nerv seiner Zeit: eine tiefe Verunsicherung der Komponisten angesichts einer unbegrenzt erweiterbaren Harmonik und angesichts eines steigenden expressiven Ausdruckswillens. Busoni erweckt tatsächlich den Eindruck, als sei in der Musik bisher noch nichts Rechtes geleistet und als lägen die Hoffnungen auf die große Zeit der Musik in der Zukunft. Insbesondere sieht er die Musik durch »Gesetzgeber« gegängelt. »Der zum Schaffen Geborene wird zuerst die negative, die verantwortlich-große Aufgabe haben, von allem Gelernten, Gehörten und Scheinbar-Musikalischen sich zu befreien; um nach der vollendeten Räumung« den Blick zu wenden »zum abstrakten Klange, zur hindernislosen Technik, zur tonlichen Unbegrenztheit«.[9] Busoni schlägt neue Tonleitern, Dritteltöne und neuartige Instrumente vor, phantasiert also neue Mittel als Grundlage einer zukünftigen Musik.[10]

Auf diesen Griff in die Zukunft reagiert Pfitzner: *»Hier zeigt sich [...] diese gewisse Zielstrebigkeit, die ich von je als allem Wesen von Kunst feindlich und entgegengesetzt empfunden habe. [...] Nicht die Kunst, der Künstler hat ein Ziel, nämlich seine ihm verliehene Begabung in vollkommne Leistungen umzusetzen.«*[11] Mit Recht stellt Pfitzner fest, dass die Kategorie Fortschritt in den Wissenschaften, nicht aber in den Künsten ihren Platz hat.[12] Im dritten Vorwort seiner *Impotenz* (1926) erweitert er: *»Je reicher einer innerlich ist, je mehr in der ›Gnade‹ des Schaffens, desto weniger werden ihm Neuerungstheorien der Elemente seiner Kunst das Gehirn belasten. Umsturzgelüste haben nur die, die nicht zu den Besitzenden*

---

[9] *Entwurf* (s. oben Anm. 8) S. 45.
[10] Ebd. S. 49-58.
[11] *GS* I S. 195 f.
[12] So schon Arthur Schopenhauer, *Die Welt als Wille und Vorstellung*, Bd. I, 3. Buch, § 36 (*Sämtliche Werke* [Darmstadt 1961] I S. 265).

gehören.«[13] Er vertritt die Meinung, dass die Vollkommenheit der Mittel nichts über die Vollkommenheit eines Werkes aussagt und dass *»das Genie das Fehlende beschafft vermöge der Gewalt seiner Konzeption, die dann dieses Mittel aus dem Boden stampfte.« »Dieses ist der Weg, nicht umgekehrt«.*[14] *»Aber wer überlegt sich denn einmal ernstlich, was ›neu‹ heißt und ob diese Forderung genügend ist.«*[15]

Pfitzner steht mit dieser Meinung nicht allein. Sowohl Schönberg als auch Hindemith haben Busonis Schrift ebenfalls gelesen und sich in Randbemerkungen in ihren Handexemplaren dazu geäußert. Schönberg setzt neben die Aufzählung der 113 Tonleitern den Satz: *»Es geht; muss aber nur sein, wenn ein Einfall dazu zwingt.«*[16] Und Hindemith schreibt: *»Was hat es überhaupt für einen / Sinn, neue Tonleitern zu konstruieren? Da wollen sie uns aus den ›Fesseln‹ der Dur- u. Molltonleiter befreien und schmieden uns dafür / in neue, die absolut nicht den Vorteil haben, besser zu sein!!«*[17]

Aus diesen Voten wird deutlich, dass der Haupteinwand der drei genannten Komponisten sich nicht schlechthin gegen eine Weiterentwicklung der musikalischen Sprache richtet, sondern sich wendet gegen die Kanalisierung der Weiterentwicklung durch die Vorgaben, die Busoni macht, genauer: dass er die neuen Mittel für Voraussetzungen für eine bessere zukünftige Musik hält. *»Der wahre Neuerer ›will‹ nichts Neues, sondern leistet etwas Neues«*, schreibt Pfitzner und verweist als Beispiel höchster Voraussetzungslosigkeit und Originalität in Allem auf das Frühwerk Robert Schumanns.[18] – Schon hier wird deutlich: Pfitzner lehnt nicht eine Weiterentwicklung der Musiksprache ab, sondern die Festlegung der Weiterentwicklung durch spekulative Regeln.

---

[13] *GS* I S. 122.
[14] Ebd. S. 197.
[15] *GS* II S. 121.
[16] Arnold Schönberg in: Entwurf (s. oben Anm. 8) S. 7.
[17] Paul Hindemith in seinem Handexemplar von Busonis Entwurf (Insel Bd. 202, 2. Erweiterte Auflage, S. 41 unten; Paul Hindemith-Institut, Frankfurt am Main).
[18] *GS* I S. 202.

Gegen ›aharmonische‹ Musik als einzige zukünftige Musik

Eine weitere fragwürdige Festlegung ist für Pfitzner die atonale – von ihm mit Recht »aharmonisch« genannte – Musik der Schönbergschen ›heroischen‹ Periode der freien Atonalität zwischen 1908 und 1915, vielleicht auch schon der Zwölftonmethode; Namen nennt er nicht. Im dritten Vorwort seiner *Impotenz* (1926)[19] kritisiert er an der aharmonischen Musik am meisten, dass sie hinsichtlich der Verwendung traditioneller Mittel ein radikales Verbot enthält, das Verbot der Konsonanzen.[20] Dieses Verbot versteht er mit Recht als Bruch der Tradition, die er darstellt als die Jahrhunderte während Entwicklung der Harmonik von der Einstimmigkeit der Gregorianik bis zur harmonisch gebundenen Vielstimmigkeit der großen Komponisten von Bach bis Brahms.[21] Dabei behandelt er auch die Bedeutung der Dissonanz als ein Ausdrucksmittel, das *»an sich betrachtet häßlich sein«* kann, aber *»im sinnvollen Zusammenhang schön ist.«*[22]. *»Was ich der Musik retten will, ist nicht etwa der Wohlklang, sondern der Sinn. Hat ein ›Mißklang‹ Sinn und Bedeutung, so wird er zum ›Wohlklang‹.*[23] (Als Komponist verhielt er sich genau so, indem er mit seinen linearen Stimmführungen dissonante Reibungen erzeugte, die sich ›logisch‹ bildeten und auflösten).

Ähnlich wie im Falle Busonis, allerdings gereizter, reagiert er auf den in seinen Augen stattfindenden Versuch, die Musik der Zukunft mit vorgefertigten Regeln – in diesem Falle durch Verbote gegenüber der bisherigen Harmonik – auf eine bestimmte eingeschränkte Linie zu bringen. Seine Reaktion ist verschärft, weil nicht – wie von Busoni – ein bunter Strauß utopischer Mittel angeboten

---

[19] *GS* I S. 120.
[20] *GS* II S. 124: »Ihr Verfahren besteht, genau zugesehen, darin, mit Sorgfalt zu vermeiden, daß auch nur ein einziger Zusammenklang vorkommt, der an eine Harmonie erinnern könnte; wie früher das ›falsch‹ verboten war, so ist bei ihnen das ›richtig‹ verboten«; S. 125: »Ohne das Medium der Harmonie ist Kunst des Klanges, Kunstmusik = Unsinn.«
[21] *GS* II S. 166-179.
[22] Ebd. S. 228.
[23] Ebd. S. 276.

wird, von denen der Komponist dasjenige herausgreifen könnte, welches ihm für seine Aussage am geeignetsten erscheint, sondern weil ein einziges System dekretiert wird, das eine Vorrangposition für die Zukunft beansprucht, das traditionelle System abschafft und dem Komponisten keine andere Wahl lässt. Zumal Musik, deren Dissonanzen nicht harmonisch eingebunden sind, nach Pfitzners Meinung scheußlich klingt und niemandem gefallen könne – eine »Musik ohne Publikum.«

Pfitzners Feststellung von 1926 ist bis heute trotz aller Förderung der Musik der ›Neuen Wiener Schule‹ nicht wesentlich falsifiziert worden; die radikalen Werke der ›heroischen‹ und der Zwölftonphase kämpfen immer noch um einen festen Platz im Repertoire. Alban Berg, Schönbergs erfolgreicherer Schüler, hebt in seinen Werken – insbesondere im *Wozzeck* und im *Violinkonzert* – stillschweigend das Konsonanzverbot wieder auf und bildet Reihen, die tonale Bezüge zulassen.[24] Damit bestätigt er Pfitzners Kritik.

Halten wir als Zwischenergebnis fest: Pfitzners Ablehnungen zielen nicht gegen jede Weiterentwicklung der Musik, sondern gegen die Gängelung, mit bestimmten Regeln auf eine bestimmte Weiterentwicklung festgelegt zu werden. In der Kompositionspraxis verhalten sich die erwähnten drei Komponisten ganz unterschiedlich: Schönberg wendet sich mit dem Einstieg in die atonale Musik radikal gegen das Bisherige und entwickelt die Zwölftonmethode, Hindemith verdichtet seinen jugendlichen Proteststil durch die Vereinnahmung traditioneller Elemente und entwickelt eine Akkordlehre, Pfitzner behält seine romantischen Wurzeln bei und verbindet sie in jedem Werk anders mit den Ausdrucksmitteln seiner Zeit. Schönberg und Hindemith ›befreien‹ sich zunächst revolutionär vom Traditionellen, suchen aber dann neue Bindungen, um der Beliebigkeit zu entgehen (»Entlastungen« nennt das

---

[24] Kritisch dazu Th. W. Adorno: *Philosophie der neuen Musik* (Frankfurt am Main 1972) S. 99.

Adorno). Pfitzner bleibt in der Tradition, baut sie aber evolutionär vielfältig aus.[25]

Gegen eine ›poetische Idee‹ als Quelle der Musik

Noch in einem dritten Punkt setzt sich Pfitzner mit einer von ihm als Gängelung der Musik empfundenen Auffassung auseinander, dem Komponieren nach einem außermusikalischen Programm, nach einer ›poetischen Idee‹, wie sie Paul Bekker in seinem Beethoven-Buch[26] und in seiner Schrift *Die Sinfonie von Beethoven bis Mahler* (1918)[27] entfaltet. Nach Bekker war Beethoven »in erster Linie Dichter und Denker, in zweiter Linie erst Musiker«.[28] Für ihn sei nicht so sehr ein thematischer Einfall wichtig, sondern eine bestimmte poetische Idee,[29] die Fähigkeit zu gesellschafsbildender Kraft,[30] aus der dann die musikalische Gestaltung erwächst. Von Bekker provokativ gemeinte Textstellen wie die folgenden alarmierten Pfitzner aufs Äußerste: *»dass es zu Beethovens Zeit sicher Musiker zweiten und dritten Grades gegeben hat, die viel schönere und originellere Themen erfunden haben als Beethoven«*[31] und *»Das sinfonische Thema soll also gar nicht in erster Linie originell sein – auch die Beethovenschen Sinfoniethemen sind dies keineswegs«.*[32]

Pfitzner fand das empörend herabwürdigend gegenüber Beethoven; noch gravierender für ihn war, dass seine Grundüberzeugung und damit sein Komponieren tangiert wurde: dass nämlich keine bedeutsame Musik aus Impulsen außerhalb der Musik erwachsen könne. Nach seiner Auffassung mache *»das schönste*

---

[25] Dazu G. Frommel, »Traditionalität und Originalität bei Hans Pfitzner«, in: W. Osthoff (Hg.): *Symposion Hans Pfitzner Berlin 1981*, Tutzing 1984, S. 75–188.
[26] P. Bekker, *Beethoven* (Berlin/Leipzig, zahlreiche Auflagen seit 1911).
[27] P. Bekker, *Die Sinfonie von Beethoven bis Mahler* (Berlin 1918).
[28] *Beethoven* (s. oben Anm. 26) S. 560.
[29] Ebd. S. 75–81.
[30] *Sinfonie* (s. oben Anm. 27) S. 17.
[31] Paul Hindemith in seinem Handexemplar von Busonis *Entwurf* (Insel Bd. 202, 2. Erweiterte Auflage, S. 41 unten; Paul Hindemith-Institut, Frankfurt am Main).
[32] Ebd. S. 57.

*Programm schlechte Musik nicht besser«,*³³ vielmehr trügen alle poetischen Ideen und literarischen Programme etwas Musikfremdes in die Musik hinein und seien nicht geeignet, aus sich heraus autonome Musik entstehen zu lassen.³⁴ Mag auch ein außermusikalisches Programm gegeben sein – ausschlaggebend seien immer der musikalische Einfall und seine aus ihm herauswachsende Entwicklung.

Warum schreibt Pfitzner?

Um die Positionen Pfitzners besser zu verstehen, soll noch ein Blick auf die Gründe geworfen werden, aus denen Pfitzner schriftstellerte. Pfitzners Bedeutung liegt in seinem kompositorischen Werk. Was veranlasste ihn, sich in umfangreichen Schriften zu äußern? Richard Strauss oder Jean Sibelius haben dies vermieden, obwohl ihre Meinung in vielen Punkten der Pfitznerschen ähnlich ist. Der Mensch Pfitzner aber war in hohem Maße sekuritätsbedürftig; er fühlte sich und insbesondere seine Musik schnell bedroht und glaubte, sie durch die Verlautbarung seiner Standpunkte unterstützen und verteidigen zu müssen. Dies auch deshalb, weil für ihn das Musikschaffen etwas von einer religiösen Handlung hatte. Zugleich lebte er in einer Umbruchszeit, in der jede Sicherheit in Frage gestellt wurde.³⁵ Es ging ihm immer um sein Werk, das in künstlerischer Egozentrik sein eigentlicher Lebenszweck war. Drei wichtige Punkte dieser Sensibilität möchte ich herausgreifen: die Behauptung des Unbewussten in der Musik, das Deutsche in der Musik und die Position des Letzten in der Musik.

---

[33] *GS* II S. 145.
[34] *GS* II S. 146–161.
[35] Dazu H. Pillau, »Finis musicae. Zukunftsangst bei Thomas Mann und Hans Pfitzner«, *Musik & Ästhetik* 50 (2009) S. 37–58.

Der Einfall als der Bereich des Unbewussten und Grundlage des Schopenhauerschen Künstlerbildes

Dass zum Komponieren ein unbewusster musikalischer Einfall erforderlich ist, glaubten nicht nur Pfitzner, sondern auch seine Zeitgenossen Richard Strauss,[36] Jean Sibelius[37] und – wie bereits angedeutet – Arnold Schönberg. Pfitzner hat dies aber in der Sorge, dass diese Einsicht untergehen könnte, gleichsam zu einer Einfallslehre verdichtet,[38] die hier nur angedeutet werden kann. Der Einfall – ein Motiv, eine Melodie, eine kleine musikalische Einheit – sei ein göttliches Geschenk, ein Stück der ewigen Wahrheit, das jenseits aller Rationalität, unwillkürlich, unabhängig vom Willen des Komponisten, eintrete. Sinnbildlich entwickelte sich im *Palestrina* das Wunder der Schöpferkraft aus der Forderung der großen Vorgänger, der völligen Selbstentäußerung (»Allein in dunkler Tiefe«) und aus der Erinnerung an die Liebesbeziehung mit seiner verstorbenen Frau, und nicht unter dem Druck der Machthaber und des Kerkers, in den er hinterher, zu spät und sinnlos, geworfen wird. Schon im Essay *Zur Grundfrage der Operndichtung* 1908 und später in der *Impotenz* entfaltet Pfitzner diese Gedanken.

Dabei verteidigt er – und das mag wohl für ihn das Wesentliche gewesen sein – einen Freiraum des Unbewussten in der Musik des

---

[36] »Vom melodischen Einfall« [um 1940], in: W. Schuh (Hrsg.), Richard Strauss, *Betrachtungen und Erinnerungen* (Zürich 1949) S. 161–167. »Die Melodie ... gehört zu den erhabensten Geschenken, die eine unsichtbare Gottheit der Menschheit gemacht hat [...] Woher sie stammt, weiß niemand, auch ihr Schöpfer, das unbewusste Sprachrohr des Weltengeistes, nicht.« Auf weite Strecken werden genau die Ansichten geäußert, wie sie Pfitzner beschreibt, dessen *Palestrina* auch zitiert wird (165).

[37] Zum Beispiel Jean Sibelius, Tagebuch vom 19.9.1914, zitiert in T. Mäkelä, *Poesie in der Luft. Jean Sibelius. Studien zu Leben und Werk* (Wiesbaden u.a. 2007) S. 278: »diese meine Art zu arbeiten, basiert wie sie ist auf Inspiration, ist nicht von ›bürgerlicher‹ Art.«

[38] *Zur Grundfrage der Operndichtung. Allgemeine Betrachtung.* GS II S. 7–28 (1908); *Die neue Ästhetik der musikalischen Impotenz* (1919), GS II S. 133–281 (bes. 179–235); *Über musikalische Inspiration* (1940), SS IV S. 269–307.

Irrationalen, nicht weiter Erklärbaren.[39] Er exemplifiziert es an der Genialität der *Träumerei* Schumanns; da bleibe nur der Ausdruck der Verwunderung »*Wie schön!*«.[40] Alban Berg legte als Entgegnung eine umfassende Analyse des Stückes vor und zeigte damit kongenial einfühlsam die innere Ordnung des Werks auf.[41] Pfitzner fühlte sich missverstanden: dass sein Werk analysiert werden kann, war für ihn eine Binsenweisheit. Er selbst sprach sich aus für irrationalen Einfall und bewusste, nachvollziehbare Gestaltung; zur Entwicklung des Einfalls zu einem Musikstück bedarf es des Kunstverstandes und rationaler Überlegung,[42] die dann auch analytisch nachvollzogen werden kann. Das Wesentliche aber, seine Größe, seine dauerhafte Allgemeinverbindlichkeit, das, was den Qualitätssprung gegenüber dem Gros alles Komponierten ausmacht und was dem Hörer schlagartig bewusst wird, werde dadurch nicht erklärt.[43] Genialität sei weder beweisbar noch erlernbar: »*Es fällt ein jeder Meister vom Himmel*«[44] oder: »*In der Musik ist das Wunderbare das Vernünftige*«[45] oder: »*Die Inspiration ist das Wesen der Musik als schöpferischer Kunst.*«[46]

Der Einfall – und das macht die Frage existentiell für Pfitzner – ist zugleich der Kern seines Künstlerbildes, wie es sich seit Beethoven herausgebildet hat: der Künstler als Medium ewiger Wahrheiten, als Priester der Kunst, mit einer geistigen und sozialen Sonderstellung, einer Position der Abgehobenheit und Unabhängigkeit von der Gesellschaft, die nur dem eigenen Werk verant-

---

[39] Es geht um den Gegensatz rational – irrational und nicht, wie Fischer a.a.O. (s. oben Anm. 8) S. 330 meint, um den muffigen Gegensatz ›Gehirn – Herz‹.
[40] *GS* II S. 189.
[41] Die musikalische Impotenz der „Neuen Ästhetik« Hans Pfitzners«, in: W. Reich, *Alban Berg* (Zürich 1963) S. 194–206. *GS* II S. 230.
[42] *GS* II S. 223–225.
[43] Ebd. S. 120 f.
[44] *SS* IV S. 304
[45] Ebd. S. 269.
[46] GS II S. 230. So auch, wenn auch mit anderen Worten, schon A. Schopenhauer, Welt als Wille und Vorstellung, Bd. I, 3. Buch, § 52, a.a.O (Anm. 12).

wortlich ist.⁴⁷ Arthur Schopenhauer, der Lieblingsphilosoph Pfitzners, hat dieses Geniebild im Einzelnen beschrieben.⁴⁸ Rückschauend können wir sagen, dass die Generation Pfitzners – Richard Strauss, Jean Sibelius, Arnold Schönberg – wohl die letzte war, die – wenn auch nicht mit Pfitzners quasireligiösem Glauben – in diesem emphatischen Selbstbewusstsein lebte. Diese Position kann von der hohen Warte heutigen Bewusstseins belächelt, ja angesichts der Kompromisse, die Pfitzner und Strauss in den politischen Umbrüchen eingingen, verurteilt werden; diese Art von Moral geht aber an Künstlern dieses historischen Künstlerbildes vorbei. Heutige Künstler tragen dieses Künstlerbild nicht mehr so vor sich her, vielleicht fühlt sich der eine oder andere auch stärker verantwortlich für die Gesellschaft, in der er lebt, aber dass auch sie Empfänger von unbewussten Einfällen, von Inspiration sind, dürften sie nicht leugnen. Jedenfalls ist die Entwicklung nach 1950 über Anton von Webern und die zunehmend intensive Tonorganisation der Zwölftöne hinaus zur seriellen Methodik, in der jeder Ton nach einem rationalen Plan vorbestimmt ist – diese ›Verwissenschaftlichung‹ des Komponierens⁴⁹ – von der Willkür der Aleatorik aufgehoben worden, der irrationale Anteil an der Musik scheint wieder in seine Rechte eingesetzt zu sein.

Das Deutsche in der Musik.

‚Ein zweiter Punkt ist der des ›Deutschen‹ in der Musik. Pfitzners Musik wurde schon früh als aus der deutschen Romantik herauswachsend empfunden.⁵⁰ Pfitzner sah sich selbst als Glied in

---

⁴⁷ Dasselbe gilt für Richard Strauss: M. Boyden, *Richard Strauss* (Wien 1999) S. 628.
⁴⁸ Schopenhauer, *Welt als Wille*, Bd. I, 3. Buch, § 36, a.a.O. Anm. 12) S. 267–37.
⁴⁹ Dazu H.W. Zimmermann, »Musik als Wissenschaft?«, in: F. Brusniak (Hrsg.), *Heinz Werner Zimmermann: Komposition und Reflexion* (Tutzing 2005) S. 3–22
⁵⁰ Zuerst P. Marsop, »Die Geschichte Hans Pfitzners«, *Allgemeine Musikzeitung* vom 3.7.1896, in: P.N. Cossmann, *Hans Pfitzner* (München 1904)S. 32. Der arme Heinrich »ist ganz aus deutschem Empfinden erwachsen«. So auch später

der Kette der deutschen romantischen Musik Carl Maria von Webers, Robert Schumanns, Heinrich Marschners und Richard Wagners, aber auch von Johannes Brahms. Diese mit Bach, vor allem mit Beethoven einsetzende deutsche Epoche der Musikgeschichte empfand Pfitzner als seine musikalische Heimat, die Pflege und Weiterbildung der deutschen Musik war ihm deshalb ein Anliegen. Pfitzner bezeichnete sich (ähnlich wie Debussy als ›musicien français‹) als ›deutscher‹ Komponist, in deutlicher Frontstellung zur als ›international‹ und fortschrittlich geltenden Neudeutschen Richtung, vertreten durch Franz Liszt, Richard Strauss und Wagner-Epigonen. Aggressiv wurde sein Nationalbewusstsein nach Versailles bis zum grell aufgetragenen Chauvinismus, weil er befürchtete, dass den Deutschen zusätzlich zu alleiniger Kriegsschuld, Gebietsverlusten und Reparaturzahlungen auch noch durch Überfremdung ihre Musik genommen werden sollte und für seine eigene Musik kein Raum mehr sein könnte.[51]

Dass die deutsche Periode in der Musikentwicklung, der Stil der ›gelehrten Musik‹ aufrecht erhalten werden müsse, ist übrigens auch Äußerungen von Richard Strauss und Schönberg zu entnehmen. Strauss stellte Repertoirepläne deutscher Opernhäuser auf, die darauf gerichtet waren, die Präsenz der Italiener (Rossini, Verdi, Puccini) zugunsten deutscher (seiner) Opern einzuschränken.[52] Schönberg wollte 1921 mit der Erfindung der Zwölftonmethode den Vorrang der deutschen Musik für die nächsten 100 Jahre gesichert haben.[53] Nach 1945 allerdings *»experimentieren die deutschen*

Thomas Mann in den *Betrachtungen eines Unpolitischen* (Frankfurt am Main 1956) S. 398–418 (417).

[51] *GS* II S. 111: »Aber ich will mehr; ich will deutsche Art in Deutschland positiv behandelt, geliebt, vorgezogen sehen. Damit fordere ich nicht mehr, als andere Länder ihren Geistesvertretern gewähren.«

[52] »Künstlerisches Vermächtnis« (Brief an Karl Böhm vom 27.4.1945), in: *Betrachtungen* (s. oben Anm. 37) S. 69–75. »Betrachtungen zu Joseph Gregors ›Weltgeschichte des Theaters‹ « (1945), ebd. S. 173–181: »[...] das letzte Kapitel aller Weltweisheit [...] die moderne deutsche Musik mit Bachschem Kontrapunkt« (S. 173 f.).

[53] J. Rufer: *Das Werk Arnold Schönbergs* (Kassel u.a. 1959) S. 26.

Nachkriegskomponisten mit wenigen Ausnahmen mit allem außer der deutschen Tradition.«[54] Erst langsam tauchen die in der ausklingenden deutschen Tradition stehenden Komponisten zwischen 1925 und 1950[55] wieder aus der Versenkung auf.

Ein Letzter der deutschen Tradition.

Dieses Deutsche verbindet sich bei Pfitzner mit der pessimistischen Sicht eines Letzten. Er ist mit seiner als ›neu‹ empfundenen Ausdrucksweise als Komponist im besten Sinne konservativ insofern, als er eine Musikauffassung vertritt, die traditionsverbunden, antispekulativ, antirational, antiliterarisch ist. Antispekulativ, weil er auf die Entwicklung der Musik aus der Tradition heraus setzt; antirational, weil der Einfall, also die Quelle der Musik, rational nicht zugänglich ist; antiliterarisch, weil er als Ausgangspunkt seiner Musik eine außermusikalische Programmatik ablehnt. Ihre Schärfe gewinnt diese Auffassung aus der pessimistischen Gewissheit, ein Letzter zu sein, ein Letzter in der Kette der Komponisten der ›deutschen‹, d.h. romantischen Tradition. Diese Position einer Nachhut auf dem Rückzug drängte ihn, die deutsche Tradition zu betonen und noch einmal mit seiner Musik zu verwirklichen. Indem aber die Romantik für ihn kompositorisches Material wurde, bewegte er sich bereits über die Romantik hinaus; seine Kompositionen vom *Palestrina* bis zum *Dunklen Reich* wird man nicht mehr als Spätromantik, sondern als Postromantik bezeichnen müssen. Bei nachlassender Spannkraft nach seinem 60. Lebensjahr und angesichts des durchaus richtig geahnten Endes der deutschen – wie jeder nationalen – Periode komponierte er ein Alterswerk, das sich in der Tat wie das in der *Impotenz* prophezeite ›Verblühen‹

---

[54] Boyden, *Richard Strauss* (s. oben Anm. 47) S. 627.
[55] Zum Beispiel Walter Braunfels, Günter Raphael, Berthold Goldschmidt, Viktor Ullmann, Ernst Pepping, Kurt Hessenberg, Gerhard Frommel.

und ›Abendrot‹ ausnimmt[56]. Richard Strauss, der im Alter ähnlich gestimmt war, ist in seinem Alterswerk des Pfitzners sehr nahe.

Mit dem Ende der deutschen Periode geht für Pfitzner auch die Entwicklung der traditionellen Harmonik zu Ende.[57] Mit seinen Kompositionen und seinen Schriften möchte er diese Entwicklung wenigstens noch für die Dauer seines Lebens aufschieben. *»Langsam, wie die Sonne der Harmonie im Gange der Jahrhunderte aufgegangen ist, wird sie untergehen. Aber ist jetzt schon die Stunde? Dürfen wir uns nicht noch einiger Sonnenblicke des Tages erfreuen? Die Sonne wird untergehen. Alle Musik hat ja etwas seltsam Verblühendes an sich.«*[58]

Zusammenfassung.

Pfitzners Haltung zur Moderne ist Teil seiner Haltung zur Zukunft der Musik. Dass sich Musik weiterentwickelt, ist für ihn als schöpferischen Komponisten selbstverständlich und durch sein Werk exemplifiziert worden. Aber er wehrt sich dagegen, seine kompositorischen Freiheiten einschränken zu lassen durch Festlegungen, die auf eine Verwerfung der Tradition, einer rationalen Durchdringung der Musik zielen und mit einem Führungsanspruch verbunden ist. Er lehnt auch die Auffassung ab, dass Musik aus einer außermusikalischen Quelle entspringen könnte. Ein Widerspruch zwischen Komponist und Schriftsteller besteht insoweit nicht.

---

[56] H.-Chr. Schmid (Booklet zu CD Pfitzner Sinf. op. 44+46, cpo 999 080-2, 1990) vertritt die Gegenposition, es sei »ein Gebot der Redlichkeit, von der absoluten Gleichgültigkeit einer Musik zu sprechen, deren Beschwörung des Vorgestern eine Verschwörung gegen das Heute ihrer Entstehungszeit zu sein scheint.... Illusionsmusik obendrein. Auch das ein Kapitel der entweder dreist unterschlagenen oder aber der ängstlich unterdrückten Wahrheit«. Ist diese abstrakte Fragestellung der spezifisch Pfitznerschen Position angemessen?

[57] Ähnlich Richard Strauss, *Betrachtungen* (s. oben Anm. 47) S. 175 f.: Wagner sei »der letzte Gipfel 3000jähriger Kunstentwicklung«; Strauss reklamiert für sich »einen ehrenvollen Platz am Ende des ›Regenbogens‹«.

[58] *GS* II S. 235.

Pfitzner und Strauss[59] sehen sich in einer Umbruchszeit als Endpunkte einer musikalischen Entwicklungsperiode, die ihr Zentrum im deutschsprachigen Raum hatte. In ihren komplexen Werken, etwa im *Palestrina* oder in *Die Frau ohne Schatten*, sammelte sich noch einmal und mit internationaler Geltung die deutsche Tradition. Mag das Gleichgewicht zwischen Melodik, Harmonik und Rhythmik in der traditionellen Form ein Ende gefunden haben; ein Ende der Musik überhaupt, wie nach Pfitzner auch von Adorno[60] prophezeit, ist inzwischen nicht eingetreten, von einer beherrschenden nationalen Tradition kann aber nicht mehr gesprochen werden. Die Moderne ist zugleich eine Öffnung hin zu einer internationalen, vielfach individualisierten Musikentwicklung, in die auch deutsche Komponisten wie Schönberg, Hindemith, Hans Werner Henze oder Wolfgang Rihm eingebettet sind.

---

[59] Z.B. Strauss, *Betrachtungen* (s. oben Anm. 53) zu *Joseph Gregors* Weltgeschichte des Theaters, a.a.O. S. 173-181. Strauss fragt: »Sollte die große deutsche Musik nach 200 Jahren zu Ende sein?« (S. 181).

[60] Th.W. Adorno, »Über einige Schwierigkeiten des Komponierens heute«, in: Hans Steffen (Hrsg.), *Aspekte der Modernität* (Göttingen 1965) S. 129-149 (149).

Geplanter Fortschritt versus organische Entwicklung.
Die Auseinandersetzung zwischen Busoni und Pfitzner

Die Schrift *Entwurf einer neuen Ästhetik der Tonkunst* [1], von Ferruccio Busoni (1866 – 1924), während des I. Weltkriegs herausgegeben, erregte in der damaligen gebildeten Welt großes Aufsehen. Der Autor war als Pianist berühmt und veranstaltete in Berlin Konzertreihen mit zeitgenössischer Musik, der Titel ließ eine Neuorientierung in einer zunehmend orientierungsloseren Zeit erwarten und traf damit einen empfindlichen Nerv; das Büchlein erschien in einer prominenten wohlfeilen Ausgabe (Insel-Verlag, 50 Pfennig), war dem ebenfalls berühmten Dichter Rainer Maria Rilke gewidmet und enthielt viele provozierende Bemerkungen. Natürlich lasen es auch zeitgenössische Komponisten – im Folgenden werden Arnold Schönberg (1874 – 1951) und Paul Hindemith (1895 – 1963) mit Randbemerkungen[2] zitiert, die sie in großer Zahl in ihre Handexemplare eintrugen.

Einer fühlte sich so angeregt, dass er eine Gegenschrift veröffentlichte: Hans Pfitzner (1869 – 1949), nach der aufsehenerregenden Uraufführung seiner Musikalischen Legende *Palestrina* als Komponist auf der Höhe der Zeit breiter bekannt geworden, betitelte seine Schrift *Futuristengefahr*[3]. Sie ging als »ätzendnationalistisches Gegenpamphlet« in die Vor- oder Nachworte aller

---

[1] F. Busoni: Entwurf einer neuen Ästhetik der Tonkunst«, (2. Auflage) Insel 1916. Hier zitiert nach Aufl. 1954, mit Nachwort von H. H. Stuckenschmidt.

[2] F. Busoni: Entwurf einer neuen Ästhetik der Tonkunst. Mit Anmerkungen von Arnold Schönberg. Frankfurt/M. 1974; die Ausgabe ist nur mühsam zu gebrauchen, weil die Seiten- und Zeilenangaben, zu denen Schönberg Anmerkungen gemacht hat, sehr ungenau sind.
F. Busoni: Entwurf ... Insel-Verlag. Mit handschriftlichen Eintragungen von Paul Hindemith. Hindemith-Institut, Frankfurt/Main.

[3] Hans Pfitzner: Futuristengefahr. München 1917. Hier zitiert nach Gesammelte Schriften Bd. 1, S. 187–223.

späteren, von Herausgebern edierten Auflagen ein. Da sie nach ihrer Veröffentlichung in Band 1 der »Gesammelten Schriften« 1926 nicht mehr erschienen ist, darf angenommen werden, dass sie nach dem II. Weltkrieg nicht mehr gelesen und das Urteil über sie einfach übernommen wurde. Stillschweigend entzog man nach 1945 allen Kritiken den Boden, denn der »Entwurf« wurde einerseits zum Kultbuch, einer »echten Utopie«, einem »Kunstwerk«, einer »Poetik«, andererseits (nur) als eine »Sammlung von Notizen und Einfällen von Aphorismen« verstanden. Das Wesen von Utopien, Visionen liegt darin, ein Ziel in der Ferne zu errichten; es fordert geistige Bewegungen auf, sich auf den Weg dorthin zu machen; das Ziel wird nie erreicht. So muss jede Utopie ungefähr bleiben; dort, wo Busoni konkret wird, zerfällt sie; genau da entzündet sich die Kritik.

In den frühen zwanziger Jahren bildeten sich die Fronten, fixierte sich die Parteinahme,- zu einer wirklichen Auseinandersetzung kam es damals nicht, sie unterblieb auch in der Folgezeit. Nahmen die jeweils neuesten Musikströmungen Busoni für sich in Anspruch, wurde Pfitzner mit der jeweiligen Reaktion identifiziert, den Völkischen, den Nazis, den »Rechten«. Dazu kam, dass er seine Schrift etwas marktschreierisch *Futuristengefahr* überschrieb, obwohl er die damaligen italienischen Futuristen vermutlich nicht kannte (Busoni gehörte nicht zu ihnen[4]) und lediglich ausdrücken wollte, dass eine Gefahr von jenen ausgehe, die die Zukunft mit konkreten Vorstellungen befestigen und Gegenwärtiges wie Vergangenes verwerfen.. In der Tat liegt der Schwerpunkt seiner Ausführungen in der Verteidigung des traditionellen Bestandes und des Freihaltens der zukünftigen Entwicklung vor Bevormundung.

Inzwischen ist der Entwurf historisch geworden; der Zukunftsoptimismus hat nüchterneren Einschätzungen Platz machen müssen. Gleichwohl bleibt auf Pfitzner der Makel sitzen, er habe eine

---

[4] Busoni bestritt das nachdrücklich in »Offener Brief an Hans Pfitzner« (Juni 1917), abgedruckt in Busoni: »Von der Einheit der Musik«, Berlin (1922), S. 247 – 250.

reaktionäre, negative Polemik gegen eine fortschrittliche, optimistische Konzeption betrieben und Busoni verunglimpft. Ein Grund, die Kontroverse noch einmal zu prüfen. Dabei gehe ich allerdings davon aus, dass Busonis Schrift entsprechend ihrem Titel und ihrer Widmung auch in der Sache ernst genommen werden darf. Pfitzner (und im Übrigen auch Schönberg und Hindemith) haben sie ernst genommen.

Busonis Entwurf

Die neue Ästhetik Busonis präsentiert eine Vision: Musik sei eine Kunst, die im Gegensatz zur Dichtkunst und zur bildenden Kunst »*fast unkörperlich*« ist, von »*durchsichtiger Materie*«, sie ist »*tönende Luft*«, »*fast die Natur selbst*«, sie ist »*frei*« und schwerelos, dieses »*göttliche Kind schwebt*« (.S. 11 ff zitiert nach der Ausgabe 1954). Diese Charakteristika seien aber noch nicht voll zur Entfaltung gekommen, weil die tradierte Musik das freie Kind mit ihren Gesetzen, Einrichtungen und Mitteln fessele. Erst, wenn die traditionelle Ästhetik überwunden sei, werde »*die vollste Blüte*« der Musik »*leuchten*«, »*vielleicht die erste in der Musikgeschichte der Menschheit*« *(S. 34)*. Busoni prophezeit: »*Millionen Weisen, die einst ertönen werden, sie sind seit Anfang vorhanden, bereit, schweben im Äther und mit ihnen andere Millionen, die niemals gehört werden. Ihr braucht nur zu greifen, und ihr haltet eine Blüte, einen Hauch des Meeresatems, einen Sonnenstrahl in der Hand*« (S. 31). Entsprechend diesem visionären Bild positioniert Busoni sich gegen bisher bestehende Hemmnisse einer solchen freien Entfaltung:

1   Er wendet sich gegen »die Gesetzgeber und ihre Gesetze« (S. 22 f, 30 f) allgemein; gemeint sind Tradition und Traditionswächter sowie alles bisher Regelbildende in der Musik. Es geht zwar offenbar nicht ohne Gesetz, aber dies erwächst absichtslos aus der Entwicklung des Einfalls, des Werkkeims heraus und gilt nur für den, der es bewirkt hat: »Der echte Schaffende erstrebt im Grunde nur die Vollen-

dung und, indem er diese mit seiner Individualität in Einklang bringt, entsteht absichtslos ein neues Gesetz« (S. 30 f). Das Signum echter Schaffenskraft ist das Maß, in dem sich der Komponist von Überlieferungen unabhängig zu machen weiß. Busoni geht so weit, dass dieses individuelle Gesetz nach Verwendung in diesem Werk wieder zerstört werden solle, damit der Schaffende beim nächsten Werk nicht in Wiederholungen verfalle. Freilich: *»Die Absichtlichkeit im Umgehen der Gesetze kann nicht Schaffenskraft vortäuschen, noch weniger erzeugen« (S. 30)*. Also: *»Der zum Schaffen Geborene wird zuerst die negative, die verantwortliche große Aufgabe haben, von allem Gelernten, Gehörten und Scheinbar-Musikalischen sich zu befreien«*; er soll *»eine inbrünstig-asketische Gesammeltheit in sich beschwören, die ihn befähigt, den inneren Klang zu erlauschen und zu der weiteren Stufe zu gelangen, diesen auch den Menschen mitzuteilen«. (S. 34)*.

2   Er wendet sich gegen die Form und das, was bis dahin absolute Musik genannt wurde[5] und was Busoni »symmetrische« oder »architektonische« Musik nennt (S. 12 ff). Diese Formen, vor allem die Sonatenform, zwängen die erlauschte Musik in von außen gegebene Bahnen. An deren Stelle wünscht er etwas gesetzt zu sehen, wofür er Ansätze in Vorspielen oder Übergängen innerhalb klassischer Werke oder in den Orgelfantasien Bachs sieht und was er das »*Landschaftliche*« nennt (S. 15). Ihm liegt daran, dass die Motive sich frei aus sich heraus entwickeln können. Denn: *»In jedem Motiv liegt*

---

[5] Busoni trennt scharf zwischen absoluter und Programmmusik. Im Ergebnis sind beide gleich: sie schränken die Freiheit der Musik – die eine durch die vorgeschriebenen Formen, die andere durch ein außermusikalisches Programm (S. 12 ff, 17).

schon eine vollgereifte Form vorbestimmt; diese Form bleibt unzerstörbar, aber niemals sich gleich« (S. 16 f).[6]

3 Er wendet sich gegen die Notation und ihre starre Einhaltung; »Jede Notation ist schon Transkription eines abstrakten Einfalls. Mit dem Augenblick, da die Feder sich seiner bemächtigt, verliert der Gedanke seine Originalgestalt«, denn »die Absicht, den Einfall aufzuschreiben, bedingt schon die Wahl der Taktart und der Tonart«, der Form- und Klangmittel (S. 23). Deshalb soll der Vortragende, »was der Tonsetzer notgedrungen von seiner Inspiration durch die Zeichen einbüßt, durch seine eigene wieder herstellen« (S. 22 f).

4 Er kritisiert die herkömmlichen Musikinstrumente (S. 33 f), an deren Stelle er sich etwa das Dynamophone von Cahill wünscht (S. 41 f).

5 Er wendet sich gegen das herkömmliche Tonsystem, die herkömmlichen Tonarten, das Dur-Moll-System und die Unterscheidung in Konsonanzen und Dissonanzen (S. 35 ff). Ohnehin seien die Tonleitern der verschiedenen Tonarten nur Transpositionen einer einzigen Tonleiter; Und einen Unterschied von Dur und Moll leugnet Busoni. Tatsächlich gäbe es nur *»eine einzige Tonart. Aber sie ist sehr dürftiger Art«*. Außerdem wendet er sich dagegen, dass die einzelnen Transpositionen <Tonarten> bestimmte Charaktere besäßen, die *die Bedeutung von Symbolen erreicht* hätten (S. 36 f). Gemeint sind Zuschreibungen von heiter für Dur und traurig für Moll, sowie das Festliche für C-Dur oder das Tragische für h-Moll. Tatsächlich seien diese Charaktere *Täuschung*. Anstelle dieses Tonsystems schlägt er (113) anders verlaufende Tonskalen und Bruchteilstöne (S. 39 ff) vor.

---

[6] Das betont Busoni noch einmal nachdrücklich im »Offenen Brief« a.a.O.: »Ich bin ein Anbeter der Form!«

Gegenüber diesen zahlreichen negativen Bestimmungen der neuen Ästhetik findet sich nur eine positive, eine Vision, die wohl einen Fingerzeig dafür geben soll, wonach sich der zum Schaffen Geborene richten könnte, wenn er den inneren Klang erlauscht und das Gehörte mitteilen will: der Instinkt (S. 13), später das Gefühl, und zwar das *»Gefühl als Geschmack – als Stil – als Ökonomie. Jedes ein Ganzes und jedes ein Drittel des Ganzen. In ihnen und über ihnen waltet eine subjektive Dreieinigkeit: das Temperament, die Intelligenz und der Instinkt des Gleichgewichts. Diese sechs führen einen Reigen von so subtiler Anordnung der Paarung und der Verschlingung, des Tragens und des Getragenwerdens, des Vortretens und Niederbückens, des Bewegens und des Stillstehens, wie kein kunstvollerer erdenkbar ist. Ist der Akkord der beiden Dreiklänge rein gestimmt, dann darf, soll zum Gefühl sich gesellen die Phantasie: auf jene sechs gestützt, wird sie nicht ausarten, und aus dem Vereine aller Elemente entsteht die Persönlichkeit. Diese empfängt wie eine Linse die Lichteindrücke, wirft sie auf ihre Weise als Negativ zurück, und dem Hörer erscheint das richtige Bild.« (S. 28).* – Das erläutert Busoni nicht näher.

Neben diesen zum Umkreis einer Ästhetik gehörenden Betrachtungen enthält die Schrift Exkurse, die mit der Thematik der Schrift weniger zu tun haben:

6   Er mokiert sich über das *»Musikalische« (S. 25 ff)*, ein Begriff, der (nur) dem Deutschen angehöre, unübersetzbar sei und bei Busoni im Verdacht steht, Musik als etwas Deutsches zu verstehen. Busoni definiert ihn als das Gelehrsame, Regelhafte in der Musik, wenn er schreibt, *»musikalisch«* zu sein heiße, die Musik *»hauptsächlich in ihren technischen Ausdrucksmitteln zu verstehen und deren Gesetze einzuhalten« (S. 26).*

7   Er mokiert sich über den Begriff der *»Tiefe«* in der Musik (S. 29 f), den *»die Apostel der Neunten Symphonie«* ersonnen haben. Busoni definiert sie als Breite und Schwere in tiefen Registern und das *»Hineindeuten eines zweiten, verborgenen Sinnes, meist eines literarischen«* in die Musik.. Aber *im »Champagnerlied aus Don Giovanni liegt mehr Tiefe als in manchem Trauer-*

marsch... Tiefe des Gefühls äußert sich auch darin, dass man es nicht an Nebensächlichem und Unbedeutendem vergeude« (S. 30).

8 Er wendet sich gegen die Routine. Routine sei »die Erlangung und Anwendung weniger Erfahrungen und Kunstgriffe auf alle vorkommenden Fälle«. »Die Routine wandelt den Tempel der Kunst um in eine Fabrik« (S. 31 f).

9 Er stellt Grundsätze auf für eine zukünftige, »wahrhafte« Oper (S. 18 ff) auf; gemeint ist eine, in der die Musik neben dem Bühnengeschehen die Seelenzustände der Antagonisten wiedergibt. Die Oper sei eine »Scheinwelt«, und als solche solle sie sich darauf beschränken, nur Über- und Unnatürliches zu bieten, Zauber- oder Lachspiegel sein, *Bühne als offenkundige und angesagte Verstellung* statt als Darstellung einer unglaubhaften, unwahren und unwahrscheinlichen Realität. Auf die selbst gestellte Frage, wann Musik auf der Bühne unerlässlich sei, antwortet Busoni: *»Bei Tänzen, bei Märschen, bei Liedern und – beim Eintreten des Übernatürlichen in die Handlung«* (S. 20).

Pfitzners Gegenargumente

Wenn hier noch einmal gekürzt und geordnet der Inhalt des *Entwurfs einer neuen Ästhetik* dargestellt wurde, so deshalb, weil Pfitzner den, von Busoni nicht ganz unverschuldeten, Eindruck gewann, es finde sich in dem Entwurf nicht eine greifbare These oder sonst etwas wie ein ästhetisches Gesetz (S. 189). Aus unserer Sicht sind Zusammenhänge sichtbarer geworden, die damals noch nicht gegeben schienen und vielleicht von Busoni so auch nicht gemeint waren. Eines ist sicher richtig: selbst für einen Entwurf sind die Gedankengänge noch sehr locker gereiht, und manche

Exkurse (über Programm-Musik (s.o.I 2), über die Oper (s.o.I 9)[7] u.a.) verwirren das Gesamtbild. Von hier aus ist auch zu verstehen, dass Pfitzner schon an der Oberfläche des Textes genügend Unstimmigkeiten fand, gegen die er argumentieren konnte. So etwa seine Zurechtweisung bezüglich des Begriffs »*musikalisch*« (s.o. I 6)(S. 207 ff)[8] oder der »*Tiefe*« (s.o. I 7)(S. 212 f)[9], oder der Tatsache, dass es nicht ein bekanntes Motiv gäbe, auf das nicht ein anderes bekanntes Motiv passte (S. 214 ff). Wenn Pfitzner hier auf einige Leichtfertigkeiten kräftig antwortet, so ist diese Polemik doch nicht wesentlich verschieden von der Busonis, denn dieser polemisiert auch: gegen die »*Apostel der Neunten Symphonie*« (s.o. I 7)[10], gegen die, denen die Klassiker teuer sind, gegen die schöpferischen Menschen seiner Zeit, gegen das Opernpublikum (s.o. I 9)[11]. Wo Pfitzner den

---

[7] Schönberg lässt sich auf Busonis Bemerkungen zur Oper ein, ergänzt hier und da und findet einiges »famos« und »sehr gut« (S. 63 f, zu S. 19 – 24). Pfitzner, der immerhin einige Opern und Theatermusiken geschrieben hat, äußert sich zu diesen Bemerkungen merkwürdigerweise nicht. Und Hindemith äußert sich nur da, wo Busoni von seiner Warte den italienischen Verismus für »unhaltbar« hält, mit dem etwas kryptischen Einwand: »*theoretisch ja, aber!!*« (zu S. 20 II). Busonis Bemerkungen über die Oper sind der einzige Abschnitt des Entwurfs, der Anfänge einer Diskussion zeigt – zog aber Busoni Konsequenzen bei Komposition seiner Oper »Faust«?   Und Schönberg (»Moses und Aron«), Pfitzner (»Das Herz«) und Hindemith (»Mathis der Maler«)? Am nächsten kommt den Vorstellungen Busonis das moderne Ballett von Strawinsky bis Henze: offene Musikformen und auf der Bühne unwirkliche Handlungen; nur war dieses Ballett 1917 schon Realität und keine Utopie mehr.

[8] Hindemith dazu: »*was hat das fortwährende Spiel mit Worten und Begriffen in einer Ästhetik der Tonkunst zu tun? Das ist doch höchst unerquicklich!*« (Anm. zu S. 25).

[9] Schönberg meint »*mit der Tiefe wird es wohl so sein wie mit musikalisch: Sprachgebrauch... Aber es könnte auch so sein, daß, so wie uns die Grazie und der Esprit, den die anderen haben, angeblich fehlt, wir die Tiefe haben, die ihnen angeblich fehlt*« (S. 67, Anm. zu S. 37).

[10] Pfitzner fragt : »Wer sind denn übrigens die 'Apostel der IX. Symphonie'? Hoffentlich doch alle musikalischen ... Leute der ganzen gebildeten Welt?! Oder meint Busoni nur solche, die große symphonische Werke schreiben,, bei denen zum Schluss ein Chor dazu kommt, wie z.B. Gustav Mahler?« Und Pfitzner freut sich, auch Busoni unter ihnen zu begrüßen, weil der ein Klavierkonzert mit Chor geschrieben hat (S. 213).

[11] Busoni macht Pfitzner den Vorwurf, der habe seine »wohlgemeinten, friedenserfüllten Sätze in schädliche Lehren« umgedeutet (Busoni: Offener Brief a.a.O.).   Sind sie so friedenserfüllt ?

Romanen Busoni aufs Korn nimmt (S. 222), ist dies ebenfalls nur die etwas oberlehrerhafte Antwort auf eine Reihe von Attacken Busonis gegen das Deutsche (s.o. I 6,7). Offensichtlich verführten Busonis weltmännische Spitzen und Ungenauigkeiten Pfitzner ebenfalls zu einigen plastischen Ausschweifungen gegen Berlioz und Liszt als Komponisten (S. 203 f), gegen Nietzsche als unzuständig für Musik (S. 205). Gehen wir zu dem über, was Pfitzner nun wirklich gegen Busonis Entwurf einzuwenden hat.

1 Pfitzner stellt gleich eingangs fest, dass er »*mit dem Inhalt des Busonischen Schriftchens nicht sympathisiere*« (S. 187). Er sieht in der Geringschätzung, ja der Verwerfung der bisherigen Entwicklung der Musik und der Verlegung ihrer großen Zeit in die Zukunft eine Fortschrittsgläubigkeit, eine »*gewisse Zielstrebigkeit, die ich von je als allem Wesen der Kunst feindlich und entgegengesetzt empfunden habe*« *(S. 195 f)*. Wissenschaft und Technik überholten frühere Ergebnisse durch bessere neue, aber es sei »*geradezu unlogisch, von Zielen der Kunst überhaupt zu sprechen. Sie hat keine Zwecke und keine Ziele. Ein jedes Kunstwerk ist eine Welt für sich; ist es das Werk eines Genies, ist es gelungen ... (und) durch nichts zu überholen; es hat den einzigen ›Zweck‹, das einzige ›Ziel‹ erreicht, von dem man vernünftigerweise bei ihm reden kann*« *(S. 196)*.

Deswegen sei »diese ganze Anschauung von der Kunst als Entwicklungsding in sich falsch, sie erzeugt vor allem auch die falschsten Urteile« (S. 197 f). Dazu zählt Pfitzner, dass schon jeder für ein produktives Genie gehalten werde, der nur in seiner Richtung, (d.h. der vorgefassten Entwicklungslinie der Musik, hier der Erfüllung vollständiger Voraussetzungslosigkeit) schnuppere. Busonis Vorschläge bedeuten den vollständigsten Umsturz von allem, was bisher in unserer Kunst gelehrt, getrieben und geleistet wurde. Pfitzner sieht in der Konsequenz auch die Verbannung des musikalischen Themas, des Motivs und – da geht es an

Pfitzners Grundüberzeugung – des musikalischen Einfalls (S. 198).

Hier schießt Pfitzner in seiner Konsequenz über Busoni hinaus: Der lässt, obwohl er die Tradition zur Verbotszone macht, den Einfall und seine Eigengesetzlichkeit stehen. Wenn sich der Einfall frei entfalten soll, ist es widersinnig, neue Gesetze zu entwerfen, die ihn erneut gängeln (dazu u. II 4). Wie auch immer: Jedenfalls sind sich die beiden Kontrahenten hinsichtlich der Grundvoraussetzung des Einfalls und der Eigengesetzlichkeit der Entwicklung des mit ihm empfangenen Motivs sehr nahe; wenn auch Pfitzner den Einfall nicht nur »abstrakt« sehen würde, sondern bereits ausgestattet mit Taktart und Tonart[12]. Dazu Busoni: *»Der echte Schaffende erstrebt im Grunde nur die Vollendung« (S. 31)*, und: *»Der Geist eines Kunstwerks, das Maß der Empfindung, das Menschliche, das in ihm ist – sie bleiben durch wechselnde Zeiten unverändert an Wert; die Form, ... die Mittel ... und der Geschmack ... sind vergänglich und rasch alternd« (S. 9)* und *»Unübertrefflich werden wahrscheinlich ihr* (Bachs und Beethovens) *Geist und ihre Empfindung bleiben; die Empfindung und der Geist werden durch den Wechsel der Zeiten an Wert nichts einbüssen, und derjenige, der ihre höchsten Höhen ersteigt, wird jederzeit über die Menge ragen« (S. 15)*. Selbst dort, wo Pfitzner daran erinnert, *»dass es wohl kein musikalisch-theoretisches Werk, keine Regel gibt, die willkürlich aufgestellt wären, ... sondern auf ähnliche Weise entstanden sind, wie etwa botanische oder zoologische Werke, nämlich durch Beschreibung und Beobachtung des Vorhandenen in der Natur« (S. 194)*, wo er also die Reihenfolge: erst die Schöpfung, dann und an ihr gemessen das Gesetz, aufstellt, findet sich Entsprechendes bei Busoni, wenn dieser vom echten Schaffenden spricht, aus dessen Werk heraus *»absichtslos«* ein neues Gesetz entsteht – im Gegensatz zu denen, die Schaffenskraft vortäuschen, indem sie absichtlich (alte) Gesetze umgehen (S. 30), d.h. erst statt

---

[12] So auch Schönberg (Anm. zu S. 28, Z. 20): *»Der Einfall macht eine Wahl überflüssig. Das ist ja das Wesen des Einfalls, der künstlerischen Methode, gegenüber der des Kunsthandwerkers einerseits und der des Wissenschaftlers andererseits«.*

der alten Gesetze neue und danach Kompositionen herstellen. Busonis Forderung, der Schaffende müsse »*für seinen eigenen Fall ein eigenes Gesetz suchen, formen und es nach der ersten vollkommenen Anwendung wieder zerstören, um nicht selbst bei einem nächsten Werke in Wiederholungen zu verfallen*« *(S. 30)*, stimmt weitgehend mit Pfitzners Einfallslehre überein, nach der aus jedem Einfall eine eigene Entwicklung folgt; freilich würde Pfitzner das Errungene nicht zerstören, sondern in seine Musiksprache zu integrieren suchen. Schließlich: wenn Pfitzner fragt, wen in Beethovens VIII. Symphonie »*die alte Form, Tonika und Dominante*« stören (S. 199), so findet sich bei Busoni dieselbe Feststellung zu Mozart (S. 14): »*ihn staunen wir an, an ihm hängen wir; nicht aber an seiner Tonika und Dominante, seinen Durchführungen und Kodas*« – beide nehmen die Qualität einer Musik über das Gefühl auf, nicht über die Analyse der Mittel[13].

2   Der Drang Busonis, aus dem traditionellen Korsett der Musik auszusteigen und die bisherigen Formen, Tonarten und Taktarten hinter sich zu lassen, mag mit dem Überdruss einer Endzeit, der Überreife der deutschen Spätromantik zu Beginn des 20. Jahrhunderts zusammenhängen, wie sie sich im Nietzsche-Zitat am Schluss des Entwurfs spiegelt (S. 42 f). Busoni erhofft sich die große Zeit der Musik in der Zukunft. Pfitzner nimmt ebenfalls das Schwanken des Bodens dieser Zeit wahr, aber fragt: »*Wie aber, wenn es anders wäre? Wenn wir uns auf einem Höhepunkt befänden oder gar der Höhepunkt schon überschritten wäre?*« (S. 221). Wenn die Blütezeit der Musik bereits in eine Dekadenz übergeht und ein Finis Musicae sich abzeichne? Entsprechend sieht er die »*Aufgabe unserer Zeit*« nicht darin, »*jedes Errungene einem Neuen zuliebe vernichten zu wollen, sondern ... eine liebevolle Besinnung <zu pflegen> auf das, was entstanden ist und was gegenwärtig entsteht*«.

---

[13] Der spätere Streit zwischen Pfitzner und Alban Berg zu Schumanns »Träumerei« signalisiert das Vordringen der Mittel gegenüber der Substanz in der Betrachtung von Musik. (s.u. Anm. 20)

Man kann dies als den Gegensatz von progressiv und reaktionär bezeichnen, aber auch als den Gegensatz von theoretischer Spekulation und praktischer Kreativität sehen, die nie voraussetzungslos arbeitet.

3 Busoni beschreibt zwar nicht die Substanz der vorgestellten zukünftigen Musik – vielleicht wäre dies gar nicht möglich – aber er beschreibt visionär die Bedingungen, unter denen zukünftig Musik geschaffen werden kann: sie bestehen aus dem Reigen zweier verschränkter Dreiklänge und der Phantasie (s.o. I 5). Dafür gibt Pfitzner »*keinen Walzer von Lanner*«, weil er sich von diesem Phänomen keine Vorstellung machen kann (S. 191). Mit diesem Unvermögen steht er nicht allein, denn z.b. auch Stuckenschmidt spricht behutsam von der »*etwas komplizierten, im Geist eines philosophischen Jugendstils gehaltenen Definition*« und rät, diese »*Irrationalismen der Lyrik*« nicht so genau zu nehmen«.[14]

4 Außer dieser blumigen substantiellen Andeutung besteht Busonis Ästhetik nur mehr aus akzidentiellen Einzelheiten: Aufhebung der Formen und des Tonsystems, neue Tonleitern, neue Instrumente, neue Notation, d.h. Weiterentwicklung der Mittel[15]. Grundsätzlich stellt Pfitzner fest, dass die Größe und Vollkommenheit der Kunst nicht von der Größe und Vollkommenheit der Mittel, sondern von der des Künstlers abhänge. »*Ich glaube, daß noch niemals ein Genie sich deshalb nicht hat entwickeln können, weil seine Zeit noch nicht auf der Höhe der zu seinem Werk erforderlichen Werkzeuge war; und*

---

[14] Stuckenschmidt, S. 53. Schönberg und Hindemith, die fast auf jeder Seite auf den Rand geschrieben haben, haben diesen Abschnitt wie schon den der ersten Vision des »schwebenden Kindes« unkommentiert gelassen.
[15] Hindemith und Schönberg waren von diesem Teil des Entwurfs besonders provoziert. Hindemith betont mehrfach, dass Notation nur ein Hilfsmittel sei und «*keinem ernsthaften Künstler einfalle, die Zeichen höher einzuscxhätzen als das, was sie in Wirklichkeit immer waren und bleiben werden: Mittel zum Zweck*« (Anm. zu S. 22/23).

wenn etwas daran wirklich fehlte, so hat eben dieses Genie das Fehlende beschafft vermöge der Gewalt seiner Konzeption, die dann diese Mittel aus dem Boden stampfte« (S. 196f)[16]. .Schönberg ist der gleichen Meinung: *»Daß ein Komponist – ein zum Komponieren veranlagter – mit dem Drang zum Ausdruck auch die Mittel besitzt,...das ist... jene quasi animalische Sicherheit, die ein Organ am richtigen Ort immer beweisen wird«* (S. 68, Anm. zu S. 40/41).

Außerdem ist die kritische Betrachtung der Mittel für Pfitzner kein Gegenstand einer Ästhetik, sondern der Musiktheorie.[17] Pfitzner erwartet sich zwar von musiktheoretischen Problemen und *»Umwälzungen auf diesem Gebiet wenig Ersprießliches«*, aber er gibt fernere Möglichkeiten zu und findet deren Aufsuchung berechtigt. Allerdings seien die Vorschläge Busonis weder ausgereift noch verwendungsfähig (S. 217). Den musiktheoretischen Abschnitt des Entwurfs erfülle *»eine Negierung alles Bestehenden«*. Pfitzner kann dem letztlich nur entgegen halten, dass das bestehende Tonsystem *»einen unendlichen überschwenglichen Reichtum an Herrlichkeiten«* berge.

Zwar gibt Pfitzner zu, dass die Tonarten Transkriptionen sein könnten (s.o.I 5); das besage aber nichts über ihren Unwert (S. 218). Schönberg meint, die 12 Transpositionen seien *»nicht bloß*

---

[16] Busoni meinte, E.T.A. Hoffmann habe wegen fehlender Mittel seine kompositorischen Vorstellungen nicht verwirklichen können (Anm. 8, S. 48). Pfitzner hält dagegen, *»dass Hoffmanns schöpferische Begabung für Musik seiner schwärmerischen Liebe zu dieser Kunst halt eben nicht gleich kam«* (S. 216). Darauf weist auch Hindemith hin: *»Dem Mann hat die 'Technik' gefehlt, und ohne 'Technik' lassen sich die herrlichsten Ideen nicht bannen«* (zu Anm. 8, S. 47).

[17] Auch Schönberg wurde offenbar durch diese Ausführungen Busonis am stärksten provoziert. Zwar meint er, Pfitzner habe den Wert des Materials unterschätzt, doch Busoni überschätze ihn (a.a.O. S. 75). Scharf kritisiert er die letztendliche Regellosigkeit der 113 Tonarten, die *»auf dem trockenen Wege der Kombination entstanden«* seien: Busoni überschätze *»die Neuheit des Klanges«* (a.a.O. S. 68); die *»mitwirkenden komponierten Stimmen seien von viel größerem Einfluß«* (a.a.O. S. 69). Schließlich mutmaßt Schönberg gerade aus dieser Hinwendung zur Materialordnung, dass es Busoni mit seinem Postulat der Freiheit doch etwas unheimlich geworden sei und er darum doch wieder (ungeliebte) Gesetzgeber bemühe (a.a.O. S. 75). Ob er da schon an seine eigenen Überlegungen zur Zwölftonmethode dachte?

Täuschung, — — und wenn, so ist es gelungen! Denn da ein Unterschied vorhanden ist, so ergiebt der von selbst, oder mit Leichtigkeit einen Charakterunterschied.« (S. 71). *»Stecke ich zwischen den 12 Tonarten Grenzen ab, wahre diese und nehme ihre Überschreitung als etwas Schwerwiegendes an, so bin ich imstande, durch Benutzung dieses Postulats künstlerische Wirkung zu erzielen«* (S. 71). Hindemith findet die Transposition des Schubertschen »Erlkönig« nach e-Moll *»furchtbar, aber nicht nur deshalb, weil man an das Original in g-moll gewöhnt ist!«* (S. 36, Zeile 12). Es geht dabei auch um den Klang; *»zu jedem Einfall gehört sein Klang«* (Schönberg, S. 70). Wenn Busoni kritisiert, dass die harmonischen Symbole den Ausdruck von Musik bis heute und übermorgen abgezäunt hätten und ein Trauermarsch nicht mehr komponiert werden könnte, weil er ein für alle Mal schon vorhanden sei; man höre ihn schon, wenn Moll erklinge (S. 37), dann vermutet Pfitzner, dass Busoni *»beim Trauermarsch nur das Moll hört und nicht den Trauermarsch, nur das Tonelement, nicht die Komposition, nur den Laut, nicht die Sprache der Musik«* (S. 218).

Im Übrigen hält Pfitzner die Formen im Gegensatz zum Wesentlichen, dem musikalischen Einfall, für akzidentiell (S. 194). Auch sie entstünden und verschwänden wie Tierspezies und Pflanzengattungen – sie sind nicht willkürlich ausgedacht, sondern dem Wesen dieser Kunst abgelauscht, die zu gewissen gleichsam kristallisierenden Bildungen neigt (S. 194). Hier treffen sich Busoni und Pfitzner.

Die Feststellung Busonis, es gäbe im traditionellen Tonsystem nur eine einzige Tonart, und Dur und Moll seien keine Gegensätze, erregt allgemeines Kopfschütteln: zum einen wegen der Einebnung des Tonsystems auf eine einzige Tonart, zum anderen wegen der Leugnung der unterschiedlichen Charaktere der Tonarten. »Wenn ich ein Stück höher transponiere, so wird es natürlich einen etwas anderen Charakter bekommen als in der tiefen Lage« schreibt Schönberg (S. 70). Pfitzner verweist auf den ergreifenden Moll-Dur-Wechsel in Schuberts »Fremd bin ich eingezogen« und hat, wenn er keinen Unterschied von Moll und Dur und unter den

Tonarten hören soll, ein Gefühl, als solle er umlernen, »um die Musik eines wilden Volksstammes zu verstehen oder die Tonsprache vergangener Jahrtausende« (S. 219), d.h. der »Musik«, die vor den Anfängen der Entwicklung der heutigen Tonsprache gelegen haben könnte. Was er (und auch Busoni) nicht wahrnahm, war, dass der Jazz bereits mit seiner heterogenen Terz (Dur- und Moll-Terz erklingen gleichzeitig) den Unterschied von Dur und Moll neutralisiert hatte.[18]

Mit dem Vorschlag der 113 Tonleitern, den Bruchteilstönen und dem Dynamophone v erlässt Busoni den Bereich der Abstraktion seiner Visionen und wird konkret. Freilich sind die Vorschläge nicht den Visionen angemessen, sondern Erweiterungen bestehender Mittel. Sie stehen so im Widerspruch zu ihnen, denn sie fesseln ebenfalls die frei schwebende Musik. Die 113 Tonleitern haben denn auch den heftigsten Widerspruch erfahren[19]. Sie seien auch nicht neu, denn solche Zusammenklänge oder Stimmführungen könnten durchaus auch schon jetzt in den Bahnen der 113 Tonleitern möglich sein, wenn eine Stimmung, Melodieentwicklung oder Akkordbildung das erfordere. Im Fluss eines Werkes könne sinnvoll klingen, was isoliert eine sinnlose Kakophonie wäre (Pfitzner, S. 220).

5 So bleibt schließlich der Aufruf Busonis als solcher: die bestehenden Gesetze zu hinterfragen, über Musik kritisch nachzudenken. Ganz ist diese Mahnung nicht zu verstehen, denn jedenfalls meint Busoni nicht eine verstärkte Hinwendung zur Musikgeschichte oder Musikwissenschaft traditionellen Zuschnitts. Bei seiner mit Pfitzner übereinstimmenden Einsicht bezüglich der Präponderanz des Genies ge-

---

[18] Siehe Heinz Werner Zimmermann: Zur Entwicklungsgeschichte der tonalen Akkordik. In: Komposition und Kontemplation. Tutzing 2000. S. 81 – 108 (S. 102 f).

[19] Schönberg stellt den Tonleitern sein Flötensolo aus Pierrot lunaire gegenüber; *»ob sie nicht der göttlichen Freiheit des schwebenden Kindes mehr entspricht, als was dem Gefängnis seiner Tonreihen entspränge!«* (S. 73).

genüber den Mitteln und bei seinem Bekenntnis zur Absichtslosigkeit der musikalischen Gesetze erscheint die Hinwendung zu abstrakter Theorie wie ein Bruch. Dieser artikuliert aber zugleich die Neugier des Theoretikers, der Busoni auch – und vielleicht in erster Linie – war, wie es denn nun weitergehen solle. Mit seinen Überlegungen bezüglich neuer Tonleitern etc. gerät er dann doch zwangsläufig in die Vorausplanung neuer Mittel statt neuer Inhalte.

Für den Komponisten Pfitzner mussten derartige Überlegungen unverständlich sein, denn er geht davon aus, dass sich ein Einfall die Sprache schafft, die er nötig hat, und sich damit die Sprache der Musik ohnehin ständig erweitert – ein guter Einfall verhält sich schon aufgrund seiner Existenz kritisch gegenüber dem Sprachvorrat. Ein Nachdenken über das Wesen und die Gesetze der Musik ohne die zwangsläufige Konkretion infolge eines Einfalls ist für Pfitzner letztlich ein Glasperlenspiel (S. 217). Verwenden kann man die Busonischen Vorschläge, aber »*nur, wenn ein Einfall dazu zwingt*« (Schönberg, S. 71). Er verhält sich da instinktiv nicht anders, als sich Bach, Schumann, Wagner oder Richard Strauss verhalten haben.

6 Aber Pfitzner findet die theoretischen Zukunftsbeschreibungen nicht nur überflüssig, sondern auch gefährlich, weil sie geeignet sind, eine denkbare Entwicklung festzulegen, die Tradition und andere Entwicklungen auszuschließen und damit den schöpferischen Spielraum einzuengen. Für ihn wendet sich Futuristik, die das »*Kind*« zum »*Schweben*« bringen soll, gegen die kreative Freiheit des Komponisten. Dieser Standpunkt ist geflissentlich missverstanden worden als eine Eliminierung des Denkens aus der Musik und als eine Auslieferung der Musik an unkontrollierbare Gefühle. So antwortete Alban Berg auf entsprechende Äußerungen Pfitzners mit einer scharfsinnigen Analyse der Träumerei

von Schumann.[20] Pfitzner hätte dies vermutlich auch gekonnt und lehnte eine solche Beschäftigung mit einem Musikwerk keineswegs ab; er ist allerdings der Meinung, dass mit derartigen Analysen wohl die technische Meisterschaft eines Komponisten, aber nicht die Genialität eines Werkes nachgewiesen werden könne; damit relativiert er einmal mehr die Stellung der technischen Mittel gegenüber der Substanz eines Werkes.

So stehen sich Busoni und Pfitzner gegenüber als der von der Realität des Komponierens abgehobene Visionär einer zukünftigen Musik und der geniale Komponist, der sich seine Sprache selbst schafft, in die Realität überführt und die Zukunft als Freiraum für weitere Gestaltung sieht. Angesichts der Provokationen, die Busoni sich leistet, fühlt sich Pfitzner zu maßvoller Replik gedrängt. Eine »ätzend-nationalistische« Polemik ist es nicht[21].

---

[20] A. Berg, Die musikalische Impotenz der »Neuen Ästhetik« Hans Pfitzners (1920), in: Willi Reich, Alban Berg, Zürich 1963, S. 194 ff.; Zu Pfitzners Die neue Ästhetik der musikalischen Impotenz. Ein Verwesungssymptom? (1920), in: Gesammelte Werke, Augsburg 1926, Bd. II, S. 99 ff. Die rationale Brillanz der Bergschen Argumentation gegenüber dem irrationalen, affektgeladenen Pamphlet Pfitzners verdeckt, dass Berg gegen etwas zu Felde zog, was Pfitzner gar nicht bestritten hatte. Insgesamt ist die Auseinandersetzung Pfitzner/Berg unfairer und in den Mitteln weniger wählerisch als die Auseinandersetzung Busoni/Pfitzner; darin wird die rapide Verfestigung der in der Auseinandersetzung Busoni/Pfitzner eingenommenen Standpunkte deutlich. Es geht schon nicht mehr so sehr um die Sache wie um die Politik der rivalisierenden Musikrichtungen.

[21] Schönberg fand nach 1917 Pfitzners »Futuristengefahr« immer schlechter und wollte eine Gegenschrift mit dem Titel »Falscher Alarm« schreiben. Zwar kann ihm sein Weg hin zur Zwölftonmethode der Freiheitsvision der »Neuen Ästhetik« nicht näher gebracht haben, denn er stellte ein neues Gesetz auf, das das göttliche Kind von neuem fesselte. In dem Maße, wie Schönberg seinerseits die Tradition hinter sich ließ, sah er sich als »Futurist« und stand deshalb vermutlich Busoni immer noch näher als Pfitzner.

Die offene Zukunft der Musik

Ist der Streit heute noch aktuell? Da sich beide, Busoni und Pfitzner, damals über die Zukunft der Musik ausgesprochen haben, legt Neugier die Frage nahe, wie sich die weitere Entwicklung der Musik zu dieser Auseinandersetzung verhält.

Für Stuckenschmidt gibt es da keinen Zweifel: Busoni ahnte mit seinen Vorschlägen die Zwölftonmusik, das System der Sechsteltöne, die elektronische Musik voraus;[22] Pfitzners Bedenken werden nicht einmal mehr erwähnt.

Nehmen wir allerdings Äußerungen von Th. W. Adorno zum Stand der neuen Musik als Maß späteren Bewusstseinsstandes, so erscheinen die Einwände Pfitzners beklemmend hellsichtig. In seinem Vortrag *Über einige Schwierigkeiten des Komponierens heute*[23] schildert Adorno 1968 eindringlich die fast ausweglose Situation des Komponisten heute *»zwischen dem Fetischismus des Materials und der Verfahrensweise* <gemeint war damals die Serialität> *hier, losgelassener Zufälligkeit* <Aleatorik> *dort«* (S. 148). Für ihn *»zittert der Boden«*; Technik hat Eigengewicht erlangt, *»kompositorisches Subjekt und kompositorische Objektivität klaffen auseinander« (S. 136)*. Zugleich ist *»die Adäquanz zwischen der Musik und ihrem sozialen Ort erschüttert. Ungewiss ist geworden, was sie der Erfahrung des Menschen, denen sie exponiert wird, bedeutet. Umgekehrt kann die Musik jene Erfahrung der Menschen gar nicht mehr in sich selbst aufnehmen«* (S. 137). *»Die Schwierigkeiten des Komponierens aus reiner Freiheit, aus einer sozusagen allseitigen Aktualität des Gehörs sind kaum mehr zu bewältigen«*. Deshalb sieht Adorno die Geschichte der Musik seit 1920 als eine *»Geschichte der Entlastungsversuche«*, d.h. als eine Kette von Versuchen, *»aus der Gestalt der musika-*

---

[22] Stuckenschmidt, S. 54 f.
[23] Th. W. Adorno, *Über einige Schwierigkeiten des Komponierens heute*, in: H. Steffen (Hrsg.), Aspekte der Modernität, Göttingen 1965, S. 129 ff. (im folgenden zitiert): ebenfalls in: *Zum 70. Geburtstag von Joseph Müller-Blattau*, Saarbrücker Studien zur Musikwissenschaft, Band 1. Kassel-Basel-Paris-London-New York 1966, S. 15 ff.; Nachdruck in: Th. W. Adorno, *Impromptus*, Frankfurt 1968, S. 93 ff.

lischen Objektivität, also aus Material, Idiom und Technik, Verfahrensweisen zu entwickeln, welche das Subjekt ... entlasten« (S. 141). Mit dem Erfolg, dass »*die schon in der Zwölftontechnik bemerkbare Verdinglichung, die Entmächtigung des lebendigen, hörenden Vollzugs als des eigentlichen Konstituens von Musik sich steigert bis zur Drohung, jeglichen Sinnzusammenhang zu zerstören*« (S. 145). Busonis Idee einer »*freien*« Musik findet sich wieder in Adornos Ideal einer »*informellen Musik*« *(S. 147)*, doch Adorno liegen inzwischen die Erfahrungen vor, nach denen Schönberg, Webern und Berg »*nur während der kurzen Periode der Explosion, der sogenannten heroischen Periode der neuen Musik*« (Schönberg op. 11 bis op. 22) wirklich frei zu komponieren im Stande waren (S. 141) und »*ohne von außen gesetzte Spielregeln rein mit der kompositorischen Reaktionsform, mit der Art ihrer unmittelbaren Imagination auskamen« (S. 142)*. Adorno fasst zusammen: »*Alles liegt bei der Spontaneität, das heißt der unwillkürlichen Reaktion des kompositorischen Ohrs, quand même. Nimmt man aber das Komponieren todernst, so muss man schließlich fragen, ob es nicht insgesamt heute ideologisch wird. Man muss deshalb unmetaphorisch und ohne den Trost, so könne es nicht bleiben, die Möglichkeit des Verstummens ins Auge fassen*« (S. 148 f).

Das klingt nicht mehr wie Busonis optimistische Erwartung der »*vollsten Blüte*« der Musik: Das »*schwebende Kind*« schwindet im Dunkel des Verstummens, weil das völlig ungebundene Komponieren mindestens in den sechzig Jahren nach Busonis Prophezeiung sich als nahezu unmöglich – vielleicht ist es ehrlicher zu sagen – als utopisch erwiesen hat. Der vielbefehdete »*Einfall*« Pfitzners – als »*Spontaneität*« kehrt er bei Adorno wieder; aber Pfitzner wusste, dass es unmöglich ist, ein Werk ausschließlich aus Einfällen zu komponieren. Die Ideologisierung des Kompositionsvorgangs, selbst der Spontaneität, hat er vorausgesehen, als er für die Freiheit des Einfalls, des Komponierens gegenüber vorzeitiger theoretischer Festlegung durch Spekulation in die Zukunft eintrat. Pfitzner hielt es für »*geradezu unlogisch*«, von einem Fortschritt in der Kunst zu sprechen (Pfitzner, S. 196) und hielt bei weiterer Verfolgung optimistischer Zukunftsspekulationen den »*Selbstmord*« unserer

Musik für denkbar: »*sie könnte nichts Besseres tun, als ganz verschwinden*« *(S. 223)*. In der Tat: Adorno konstatiert die Erschöpfung des technischen Fortschritts in der Musik, die Erreichung der Grenzen der Durchorganisation und des Zufalls, die Tyrannei »*bereitgestellter*« Mittel, die nun auch benutzt werden müssen. In der schöpferischen Ohnmacht werden die Absichten eines Komponisten wichtiger als seine Werke.[24] seine Erklärungen umfangreicher als seine Kompositionen. Die Theoretiker haben die Komponisten weit überholt und sind bereits beim Ende der Musik angekommen. Dieses Ende ist konsequent nicht nur, weil durch die Gängelung eines organischen Vorgangs von einem rational als zukünftige Entwicklung vermuteten und dann dekretierten Prozess her die Organik zunehmend geschwächt wird, bis sie nicht mehr vorhanden ist, und damit die lebendige Substanz abstirbt. Das Ende ist auch deshalb konsequent, weil dieser Prozess im Gegensatz zu allen historischen, jeweils neuen Musikentwicklungen zugleich mit einer absolut geforderten Negation alles Vorangegangenen einhergeht; er sägt sich gleichsam den Ast ab, von dem aus er sich weiterentwickeln sollte.

Nun sind zwar einmal gedachte Denkprozesse nicht mehr aus dem geistigen Vorrat zu streichen, doch verlaufen geistige Entwicklungen nicht so einlinig, wie uns die Fortschrittslogik gerade im Bereich der Musik glauben machen wollte. Wenn Pfitzner feststellte, dass »*Formen in der Musik ebenso von selbst wachsen wie Tierspezies und Pflanzengattungen*«,[25] so meinte er nicht nur das Absichtslos-Willkürliche solcher Entwicklungen, sondern auch die logisch nicht in eine Linie zu pressende Entwicklung der Musik, die in unvorhersehbarer Weise Sprünge, Rückgriffe und Verästelungen zeigt. Noch heute ist die Diskussion über die weitere Entwicklung kei-

---

[24] Beispiele dafür sind etwa Adornos Nachruf, *Winfried Zillig – Möglichkeit und Wirklichkeit*, in: Impromptus, a.a.O., S. 157 ff., insbes. S. 165; oder Stuckenschmidts Kurzbiographie Joseph Matthias Hauers, in: Die großen Komponisten unseres Jahrhunderts, München 1971 S. 65 ff., insbes. S. 73.
[25] Pfitzner, S. 194.

neswegs abgeschlossen: Noch immer komponieren – allen Verdikten Adornos zum Trotz – bedeutende Komponisten auf tonaler (wenn schon nicht immer tonikaler) Grundlage, noch immer akzeptiert das Publikum schließlich nur die zeitgenössische Musik, in der der »*lebendige, hörende Vollzug*« über technische Verdinglichung und Entmächtigung triumphiert[26]. Aber es gibt z.Z. keine beherrschende Persönlichkeit, keine beherrschende Gruppe mehr, die sich anmaßte zu dekretieren, wie das Komponieren der Zukunft abzulaufen habe. Dass der Mensch neuen Gesetzgebern nicht gehorcht, sondern weitersingt, und dass von hierher eine Beherrschung der technischen Möglichkeiten, eine Durchbrechung der Ideologisierung, eine neue Naivität auf dem Boden künstlerischer Eigengesetzlichkeiten eintreten, bleibt eine bisher nicht enttäuschte Hoffnung.

---

[26] Siehe dazu Heinz Werner Zimmermann: Zur Entwicklungsgeschichte der tonalen Akkordik. In: F. Brusniak (Hg.): H. W. Zimmermann – Komposition und Kontemplation. Tutzing, 2000. S. 81 – 108 (S. 106 f); ders.: Was ist neue Musik? Zur Kritik der Kriterien. a.a.O. S. 3 – 23 (S. 12 ff, 23). In beiden Beiträgen sieht Zimmermann parallel zur Zwölftonmethode und ihrer Weiterentwicklung die Entwicklung der Tonalität unter Hereinnahme der Blues-Tonalität. Er fragt sogar, ob »*die Atonalität in Gefahr gerät, obsolet zu werden, d.h. als ein bloßer Seitenweg der Musikgeschichte wieder aufgegeben zu werden*«.

Tradition und Fortschritt bei Hans Pfitzner – am Beispiel seiner Violinsonate

Hans Pfitzners Violinsonate op.27 aus dem Jahre 1918[1] sei ein »frisch empfundenes, meisterlich-unproblematisches Werk«, wie Pfitzners Biograph Walter Abendroth schreibt[2]. In der Tat ist sie ein für Pfitzners Verhältnisse heiteres, allerdings nicht unkompliziertes Werk, und wenn ich es hier unter dem Aspekt Tradition und Fortschritt behandeln möchte, scheinen die Würfel schon gefallen: Unproblematisches läuft auf Tradition hinaus; Fortschritt ist stets problematisch. Pfitzners Violinsonate steht in der Tradition der Gattung, wie sie zuletzt Johannes Brahms ausprägte, und zugleich trägt sie alle Merkmale des Personalstils seiner Reifezeit.

I. Einige analytische Bemerkungen

1. Allgemeine Merkmale

Zunächst der Befund. Die Violinsonate hat drei Sätze in traditioneller Abfolge: einen breit angelegten Kopfsatz (»Bewegt, mit Empfindung«) in e-Moll, einen langsamen Mittelsatz (»Sehr breit und ausdrucksvoll«) in C-Dur und einen Schlusssatz (»Äußerst schwungvoll und feurig«) in E-Dur.

Violinsonaten stehen und fallen mit der Qualität ihrer Melodik. Für Pfitzners Sonate sind signifikant die weiten melodischen Bögen, mit denen Pfitzner Spannungen auf- und wieder abbaut – etwa die energiegeladene Coda des Kopfsatzes mit ihren immer neuen Ausspinnungen des Hauptthemas und dem Ausklang in einem harmonischen Labyrinth[3]. Dieses Freischwebende wird bewirkt zum einen durch ein duettierendes Übereinanderschieben

---

[1] Ausgabe C.F.Peters, 1922. Angeführte Takte werden nach den Orientierungsziffern und zusätzlichen Takten vor oder nach der Orientierungsziffer zitiert (Ordnungsziffern in Klammern).
[2] Walter Abendroth: Hans Pfitzner. München 1934, S. 223.
[3] Satz I, ab (15).

von Melodie- und Motivteilen; die Melodik scheint sich aus sich selbst heraus zu erneuern und wirkt, indem sie die Perioden überspielt, nahtlos. Freischwebend erscheint auch die Harmonik, die Kadenzen vermeidet und die Grundtöne, zumeist auf der Terz, vieldeutig macht. Auffällig ist auch die hochentwickelte Motivverwandlung, die so weit geht, dass der Eindruck einer scheinbar irrationalen Ziellosigkeit entsteht, mit der Pfitzner traditionell zu erwartende Weiterführungen infrage stellt. So führt seine wuchernde Verwandlungsphantasie am Ende der Durchführung des Kopfsatzes zu einem Spiel mit sich entwickelnden Motiven, die nur noch mittelbar aus dem ursprünglichen Material ableitbar sind, die sich improvisierend emanzipieren und wie zufällig in entfernten Stimmungen und Tonarten landen[4]. Ähnliches vollzieht sich im langsamen Satz, wo in der Reprise des 1. Themas die Violine in immer größeren Sprüngen aus dem Motiv-Kontinuum des Satzes »aussteigt«, sich von motivischen Bindungen löst und zwischen den Klippen der Klavierstimme fliegt, bis sie auf dem Höhepunkt des 2. Themas eingefangen wird. Im Schlusssatz schließlich spinnt Pfitzner das Seitenthema »gesangvoll« weiter; auch da führt ihn sein Ausdrucksbedürfnis in ferne Tonarten. In der Reprise überlässt er diese Stelle dem Klavier allein, das in seiner Zweistimmigkeit in weiter Lage überaus zerbrechlich wirkt[5] und damit den daher stürmenden Schwung in Frage stellt.

Die Vermeidung tonikaler Kadenzen bewirkt merkwürdig suchende Harmoniefolgen. Im Kopfsatz ist der Übergang vom Hauptthema zum Seitenthema in G-Dur so ein Fall[6]: Das punktierte Kopfmotiv des Seitenthemas erklingt gleichsam probeweise erst von des", dann von c" aus, bis schließlich h' als Terzton von G-Dur erreicht wird, und auch dann tritt das Thema noch nicht ein,

---

[4] Satz I, (7) bis (10).
[5] Satz III, (3) und (12)+*15* ff.
[6] Satz I, (2) +*1 bis 5*.

sondern wird vom Grundton Es irritiert. Keine kadenzale Überleitung (etwa von D-Dur oder H-Dur).

Höhepunkt der Suchbewegungen ist der Schluss des Kopfsatzes[7]. Zusammengehalten von den in beiden Instrumenten wechselnden und sich verkürzenden melodischen Sequenzen weicht die von verminderten Septakkorden durchsetzte Harmonik immer wieder in Vorhalte aus, bis sie am Schluss auf dem Sextakkord von F-Dur (immerhin mit subdominantischem A als Grundton) landet, haarscharf neben der Grundtonart e-Moll; dann endlich folgt die »berichtigende« Kadenz Dominantseptakkord – Tonika. Der Sinn dieser »harmonischen Vernebelung«: Die seit Bach benutzte, laut Arnold Schönberg abgenutzte Kadenz wirkt nach allen komplizierten Durchgangsakkorden neu und unverbraucht.

Insgesamt eignet der Sonate etwas Phantastisches, Hochexpressives, das das traditionell aufgestellte Gerüst der Sätze überwuchert und der Violine immer wieder Gelegenheit gibt, wie selbstvergessen sich zu emanzipieren und ungebunden zu singen[8]. Dies gibt der Sonate ihre besondere Stellung innerhalb des Pfitznerschen Werks.

2. Zur Form der Sätze

Sehen wir uns die Form der Sätze noch etwas genauer an. Der Kopfsatz besteht aus den vier traditonellen Abschnitten eines Sonatensatzes (Exposition, Durchführung, Reprise und Coda). Das Besondere ist dabei, dass diese Abschnitte alle etwa gleich lang sind und – anders als übliche Sonatensätze – stets mit dem Hauptthema in der Grundtonart beginnen[9]. Sie lassen zwar noch eine gewisse Ähnlichkeit von Exposition und Reprise ahnen, vor allem weil diese das Seitenthema enthalten. Zudem gestaltet Pfitzner die

---

[7] Satz I, ab (18)-4.
[8] Z.B. Satz I, (4) + *7 bis 10*, (8) ff; Satz II,(3) ff; Satz III, (4) ff; (5) + *18 ff*; (8) + *8 ff*; (16/17) ff.
[9] Satz I, *1* ff, (4) ff, (10) ff, (15) ff (mit Einleitung ab (14)).

Übergänge zur Durchführung und zur Coda ähnlich – nämlich auch wieder suchend. Und schließlich hebt er das Ende der Durchführung dadurch heraus, dass er die Entwicklung bis zu einem dynamischen Stillstand in der Ferne der As-Dur-Tonart und der improvisatorischen Auflösung des Zusammenhangs mit dem Thema führt. So wird innerhalb der Sonatenform auch eine Zweiteilung der Form – Exposition und Durchführung einerseits, Reprise und Coda andererseits – angedeutet; die erste Hälfte endet mit der erwähnten Auflösung (die sich als strategisch entpuppt, damit die Reprise ihre Funktion gewinnt als Wiederherstellung der »Ordnung«). Die zweite Hälfte schließt mit dem Höhepunkt der Entfaltung des Themas im fff. Da das Thema zu Beginn eines jeden Abschnitts mit seinen charakteristischen Anfangstönen eintritt, dann aber jeweils anders weiter entwickelt wird, entsteht der Eindruck »entwickelnder Variation«. Im Übrigen wird das Thema in Reprise und Coda umfangreicher ausgesponnen als in Exposition und Durchführung. Der Schwerpunkt liegt in der Coda. Dadurch erhält die lyrische Epik zugleich einen dynamischen Sog zum Schluss hin, eine Finale-Wirkung[10]. So gewinnt Pfitzner eine übersichtliche, ganz auf die Entfaltung der Melodik zugeschnittene Form.

Auch der Schlusssatz ist aus vier etwa gleich langen Abschnitten gebildet[11], auch hier viermal das Hauptthema in der Grundtonart E-Dur, allerdings erscheint die Reprise des 1. Teils des Seitenthemas vor der des Hauptthemas;[12] auch die Coda beginnt vor Eintritt des Hauptthemas (ähnlich wie im Kopfsatz) mit einem »Anlauf« aus einer anderen Tonart,[13] der zum fff-Einsatz des Hauptthemas führt. Dadurch und wegen des Charakters des Hauptthemas scheint durch die Sonatenform hier auch eine Rondoform durch.

---

[10] Satz I, Hauptthema Exposition 24 Takte, Durchführung 28 Takte, Reprise 25 Takte, Coda mit Einleitung 51 Takte.
[11] Satz III, *1 ff*, (5) + *12 ff*, (12) ff, (17) + *17 ff*.
[12] Satz III, (9) ff.
[13] Satz III, (14)

Der Mittelsatz ist eine zweiteilige Liedform mit gleicher Abfolge von drei thematisch deutlich unterschiedenen Abschnitten [14](wobei hier offen bleiben soll, ob der zweite Abschnitt der B-Teil des Kopfthemas oder ein neues Thema ist; der dritte Abschnitt ist jedenfalls ein Epilogthema). In der zweiten Hälfte verändert sich der Charakter des Satzes völlig: Da erfährt das Kopfthema eine erstaunliche Ausweitung, indem der Quint- und Sextfall aus dem Thema zu Sprüngen bis zur Quindezim gespannt wird und der bis dahin introvertierte Charakter jäh zu großem extrovertiertem Arioso umkippt. Der zweite Abschnitt – im 1. Teil noch von stiller Feierlichkeit – folgt nun »sehr groß und sieghaft«, das Epilogthema erklingt »sehr ausdrucksvoll« akkordisch aufgefüllt. Erst in der fragmentarischen Coda stellt sich die ursprüngliche Stimmung kurz wieder ein – die Stille vor dem Sturm des Finalsatzes. Insgesamt eine Weite des Ausdrucks, die die Bezeichnung »quasi fantasia« rechtfertigt und den relativ kurzen Satz (69 Takte) bis zum Bersten füllt. Auch die Tonartenfolge beschreibt einen Bogen vom einleitenden C-Dur über As-Dur nach es-Moll und dann im 2. Teil von der Subdominante F-Dur über A-Dur und a-Moll zurück nach C-Dur. Damit wird der Mittelsatz zum Scharnier zwischen den Ecksätzen: In seiner ersten Hälfte nimmt er die sehnsüchtige Stimmung des Kopfsatzes auf und steigert sie »nach innen«, in der zweiten weitet sich der Satz nach außen und leitet so zu dem extrovertiert heiteren Charakter des Schlusssatzes über. Zugleich ist er mehr als ein Scharnier: Das expressive Schwergewicht der Sonate liegt auf dem langsamen Satz. Pfitzner verzichtet in dieser Sonate weitgehend auf eine motivische Verklammerung der Sätze und ersetzt sie durch die Stringenz der psychologischen Entwicklung.

---

[14] Satz II, *1 ff,* (1) – *6 ff,* (2) // (3) – *5 ff,* (4) ff, (5) – *4 ff* // (5) + *4 ff.*

3. Brahms und Schumann als Modelle

Der in dieser Darstellung bereits aufscheinende typische Personalstil Pfitzners hebt die Sonate trotz ihrer traditionellen Grundlage aus dem Bereich des Epigonalen heraus. Pfitzner knüpft hörbar an das von Johannes Brahms geprägte Modell der Violinsonate und an Robert Schumanns frei sich entfaltende Melodik an, allerdings mit den bereits genannten Eigentümlichkeiten. Dreisätzig sind Brahms' Sonaten in G-Dur op. 78 und A-Dur op. 100. In den Kopfsätzen aller drei Violinsonaten beginnen auch schon die Satzabschnitte mit dem Hauptthema in der Grundtonart und transformieren damit die auf Dynamik angelegte Sonatensatzform hin zu lyrischem Verweilen. Die Abschnitte sind aber ungleich lang; die Gewichte liegen noch auf Exposition und Reprise; die Codae sind relativ kurz.

Ein weiteres Charakteristikum: Das frei schwebende Hauptthema über tremolierender Begleitung, schon bei Schumann und Felix Mendelssohn im Gebrauch, erhält bei Brahms und Pfitzner eine Vertiefung insofern, als die grundierende, aber relativ differenziert tremolierende Begleitung ebenfalls thematisch verwendet wird – das gilt zwar nicht für Brahms' Violinsonaten, aber z.B. für die Kopfsätze des G-Dur-Sextetts op. 36 (mit solistischer 1. Violine) und des G-Dur-Streichquintetts op. 111 (mit solistischem Cello). Pfitzner selbst hat dieses Modell schon einmal benutzt: in der Cellosonate op. 1 von 1890.

Dass Brahms derart im Hintergrund des Werkes steht, ist kein Wunder[15]: Brahms war vor Pfitzner die letzte maßstabsetzende Erscheinung auf dem Gebiet der Symphonik und der Kammermusik. Er war zudem unter der Leitung des Brahms-Freundes Bernhard Scholz der Hausgott des Hoch'schen Konservatoriums. Pfitzner lernte so die Werke Brahms' bis jeweils hin zu den neusten gründlich kennen – während er sich die Musik Richard Wagners im

---

[15] Näheres dazu bei Vogel: Brahms und Pfitzner. Verdichtung und Entfaltung. Brahms-Studien Bd. 14, 2005, S. 139 ff.

Selbststudium aneignen musste. Vor allem liebte Pfitzner Brahms' A-Dur-Sonate; schon drei Jahre nach ihrer Veröffentlichung führte er sie als Schüler am Konservatorium 1889 auf; er setzte sie im Konzert der Uraufführung seiner eigenen Violinsonate auf das Programm, und noch im hohen Alter bat er eine befreundete Violinistin, ob sie die Noten der A-Dur-Sonate zum Musizieren mitbringen könne. Hört man genau hin, könnte das 1. Thema seiner Violinsonate dem der A-Dur-Sonate diastematisch nachempfunden sein: dort ein Quartsprung abwärts und zwei Sekundschritte aufwärts zum Zielton einen Ton tiefer als der Ausgangston, hier ein Quintsprung abwärts und drei Sekundschritte aufwärts ebenfalls zum Zielton einen Ton tiefer als der Ausgangston.

II. Pfitzner und der Fortschritt

1. Vielfalt der Personalstile um 1918

Wo ist der Fortschritt in Pfitzners Violinsonate? Wenn sich schon Alban Berg über die Fortschrittlichkeit von Pfitzners Lied »Nachts« (op. 26, 2; 1916) mokierte[16], dürften fortschrittliche Denker auch hinsichtlich der Violinsonate sich gefragt haben und noch fragen, ob so etwas 1918 noch aktuell sein konnte? Ein Überblick über die damalige Musikproduktion lässt freilich den Schluss zu, dass die Fragestellung unhistorisch ist. Gewiss komponierten zur gleichen Zeit jüngere Komponisten Musik, die sich entweder entschieden von der Romantik abkehrte (Bartòk, Strawinsky, Hindemith) oder sogar die Grenzen der traditionellen Harmonik überschritt (Schönberg, Alban Berg, Webern). Aber gleichzeitig und noch bis in die Mitte des Jahrhunderts formten Gustav Mahler, Richard Strauss und Max Reger, Claude Debussy und Maurice

---

[16] Alban Berg: Die musikalische Impotenz der »Neuen Ästhetik« Hans Pfitzners. In: Willi Reich: Alban Berg. Zürich 1963. S. 194 ff (206). Näheres zu Bergs Argumenten bei Vogel: Das Lied »Nachts« von Hans Pfitzner. Ein Nachwort zur Kritik Alban Bergs an der »Neuen Ästhetik«. In: Wolfgang Osthoff (Hg.): Symposium Hans Pfitzner Berlin 1981, Tutzing 1984, S. 217 ff.

Ravel, Leos Janácek und Jean Sibelius und noch später Othmar Schoeck, Benjamin Britten, Serge Prokofieff und Dmitri Schostakowitsch die traditionelle Harmonik weiterhin aus. Ja, am Ende des 1. Weltkriegs schrieben gleich drei weitere Komponisten – fast gleichzeitig mit Pfitzner – je eine Violinsonate: Gabriel Fauré, Claude Debussy und Edward Elgar; bemerkenswert alle in e-Moll oder G-Dur – auch dort ein wehmütiger Blick zurück auf eine untergehende Kultur? 1918 herrschte eine Vielfalt von Stilrichtungen, unter denen die Pfitznersche Violinsonate eine eigene in der deutschen klassisch-romantischen Tradition darstellte. Verglichen mit den Komponisten seiner Generation befand sich Pfitzner bis in die zwanziger Jahre hinein auf der Höhe der Zeit. Noch 1930 preist ein Vorkämpfer der Moderne, Hans Heinz Stuckenschmidt, das Zukunftweisende im Chorwerk »Das dunkle Reich« (op. 38, 1929/30)[17]. Erst nach 1950 wurde die Lehre von den zwölf Tönen, speziell in der Webernschen Anwendung, zur beherrschenden Kompositionsmethode in Deutschland ausgerufen (gleichsam als antifaschistische Wiedergutmachung für das Verbot in der Nazizeit). Das vom Fortschrittsglauben aufgestellte stromlinienförmige Entwicklungsmodell der Musik von Berlioz und Liszt über Schönberg zu Boulez war nur ein Zweig unter den verschiedenen Richtungen.

2. Pfitzner als Letzter

Allerdings wurde die Generation Pfitzners im besonderen Maße mit dem Fortschritt konfrontiert. Die Mitte des 19. Jahrhunderts begonnene, bis 1914 anhaltende rapide Entwicklung der Wissenschaften, der Industrialisierung und der Wirtschaft gerade in Deutschland suggerierte, dass Fortschritt auch in der Kunst maßgeblich sein müsse. Und diese Fortschrittsidee fiel in den ersten zehn Jahren des 20. Jahrhunderts in der Kunst in eine Zeit des

---

[17] W. Abendroth, a.a.O., S. 486.

Umbruchs. Pfitzner erlebte persönlich diese Zeit, wie er sie im »Palestrina« dargestellt hatte.

Richard Strauss, vor allem aber Pfitzner lebten in dem Bewusstsein, letzte Komponisten der Klassik/Romantik-Periode zu sein. Dieses Überständig-Herbstliche prägt ihre Musik. Pfitzner fühlte sich verpflichtet, das große Erbe so gut wie möglich abzurunden, auch indem er die zerstrittenen Richtungen Schumann/Brahms einerseits, Liszt/Wagner andererseits noch einmal in seinem Werk zu integrieren suchte. Sein Bühnenwerk »Palestrina« ist ein Beispiel dieser gelungenen Zusammenführung. Für ihn hatte das Ende dieser Musikperiode noch zwei weitere Dimensionen: es war, besonders schmerzlich für ihn als Patrioten, das Ende einer Periode, die in der Musikgeschichte als deutsche Periode angesehen wird. Es war darüber hinaus nach seiner Einschätzung das Ende der seit der Gregorianik entwickelten tonalen Mehrstimmigkeit. Ein geradezu bedrückendes Erbe, dem Pfitzner wenigstens noch für die Dauer seines Lebens Ausdruck verleihen wollte.

3. Pfitzner versus Busoni[18]

Pfitzner tat dies als Komponist mit seiner Musik; er tat es auch als Schriftsteller. Ein Jahr vor der Komposition der Violinsonate dokumentiert Pfitzner die Verantwortung gegenüber dem deutschen Erbe in seiner Schrift *Futuristengefahr*[19]. In der Schrift bekennt sich Pfitzner zur großen (deutschen) Musik-Vergangenheit und wendet sich gegen den »Entwurf einer neuen Ästhetik der Tonkunst« von Ferruccio Busoni[20], wo er lesen muss, dass die bisherige Musik nur ein Vorspiel sei und die große Zeit der Musik erst in der Zukunft komme. Pfitzner vertieft die Kritik, indem er die in die

---

[18] Näheres dazu im Beitrag Geplanter Fortschritt versus Organische Entwicklung in diesem Buch.
[19] Hans Pfitzner: Futuristengefahr (1917) in: Hans Pfitzner: Gesammelte Schriften Bd. 1, Augsburg 1926, S. 185 ff.
[20] Ferruccio Busoni: Entwurf einer neuen Ästhetik der Tonkunst. 2. Fassg. 1916. Ich zitiere nach der im Insel-Verlag erschienen 34. bis 43. Tausendsten Auflage 1953 mit Nachwort von H. H. Stuckenschmidt.

Zukunft gerichtete, auf Fortschritt in der Musik orientierte Grundhaltung Busonis diskutiert. Er hält »diese gewisse Zielstrebigkeit« der Überlegungen Busonis für »allem Wesen der Kunst feindlich und entgegengesetzt«. Fortschritt setzt Zweckgerichtetheit voraus und ist dort möglich, wo es darum geht, etwa in den Wissenschaften oder im industriellen Bereich Errungenschaften zu verbessern. »Dagegen ist es geradezu unlogisch, von Zielen der Kunst überhaupt zu sprechen. Sie hat keine Zwecke und keine Ziele. Ein jedes Kunstwerk ist eine Welt für sich; ist es ein Werk eines Genies, ist es gelungen, erhebt es, beglückt es, so ist es durch nichts zu überholen; es hat den einzigen 'Zweck', das einzige 'Ziel' erreicht, von dem man vernünftigerweise bei ihm reden kann. Nicht die Kunst: der Künstler hat ein Ziel«[21], nämlich fortzuschreiten zur Vollkommenheit (und, man darf ergänzen, zur individuellen Unverwechselbarkeit seiner Kunst). Dass Politiker Kunst verzwecken, hat Pfitzner eindrucksvoll im »Palestrina« dargestellt.

»Fortschritt« in der Kunst ist also für Pfitzner kein anzustrebendes Ziel, ja nicht einmal eine künstlerische Kategorie. Wesentlich ist ihm – wie übrigens auch schon Brahms – das auf dem Boden des bisher Erreichten zustande kommende Gelingen eines genialen Werks, eines mit authentischer Aussage. Nach Pfitzners Auffassung entwickelt sich die Musik nicht in Umbrüchen, sondern unter Mitnahme des Tradierten. Er nimmt für sich jede künstlerische Freiheit zur Gestaltung seiner Musik in Anspruch; er möchte nicht gegängelt werden von theoretischen Vorgaben oder Verboten, weder solchen, wie sie von Busoni vorgeschlagen werden, noch solchen, wie sie von Schönberg gelehrt werden. Freimütig gesteht er, dass *»ich persönlich mich für musiktheoretische Probleme nur wenig interessiere und dass ich von Umwälzungen auf diesem Gebiet nur wenig Ersprießliches erwarte«*[22]. Pfitzner, der bis in die Zwanzigerjahre als modern

---

[21] H. Pfitzner, a.a.O. S. 195 f. Ähnlich übrigens auch Richard Strauss (Gibt es für die Musik eine Fortschrittspartei? (1907), in R. Strauss: Betrachtungen und Erinnerungen. Zürich 1949, S. 14 ff.).
[22] H. Pfitzner, a.a.O. S. 217.

galt, weil er das Überkommene eigenwillig »gegen den Strich« bügelte, konnte dies nach *Palestrina* mit berechtigtem Selbstbewusstsein sagen; dieses Selbstbewusstsein gab ihm die Freiheit, am Beispiel der Violinsonate auf Schumann und Brahms zurückzugreifen und deren Modelle nach Art eines Malers, der Bildmodelle großer Vorgänger als Vorlage für eigene Schöpfungen verwendet, kreativ umzusetzen. Ähnlich diskutierte er an Hand der *Alten Weisen* (nach Gottfried Keller, op. 33) mit Hugo Wolf über die Vertonung dieser Gedichte. Dabei ist Musik entstanden, die sich als überaus lebensfähig erwiesen hat. Mit der Violinsonate dürfte er die letzte bedeutende Sonate dieser Gattung in der Brahms-Nachfolge geschrieben haben.

Tradition und Fortschritt (besser sollte man im Sinne Pfitzners von »Evolution«, vielleicht auch von »Variation« sprechen) liegen in Hans Pfitzners kompositorischem Werk bruchlos beieinander. Pfitzner gibt seine romantischen Wurzeln nicht auf, zugleich erweitern sein Ausdrucksbedürfnis und die auch bei ihm vorfindliche zeitgenössische Neigung zum Konstruktiven seine Tonsprache beträchtlich. Je nach Konzeption eines Werkes mischen sich diese beiden Grundpositionen unterschiedlich, bis hin zum langsamen Satz des cis-Moll-Streichquartetts op. 36, in dem die deutlich tonartgebundenen melodischen Episoden neben den freitonal konstruktiven Motiven stehen und dadurch eine neue Beleuchtung erfahren. In dieser von Gegensätzen geprägten, nur von einem analytisch kaum fassbaren, aber hörbaren Personalstil zusammengehaltenen Werklandschaft tritt auch die Violinsonate op. 27 auf; Pfitzner, mit *Palestrina* endgültig aus der Romantik herausgetreten, komponiert, vielleicht als kompositorische Antwort auf Busoni und die Komponisten der nächsten Generation, mit der Violinsonate noch einmal deutsche romantische Musik. Diese kompositorische Antwort enthält – wie immer, wenn sich Pfitzner als Komponist äußert – mehr Weisheit als seine schriftstellerischen Antworten. Unter den zyklischen Werken des reifen Pfitzner ist die Violinsonate dasjenige, in dem das konstruktivistische Element am meisten zurückgenommen ist, und das der im Übrigen zutreffenden Feststellung Wolfgang Rihms vom »stockenden Schwung« der Musik Pfitzners am wenigsten entspricht[23]. Wie sagt Silla zu Ighino im *Palestrina* beim Lesen der neuen Messe des Meisters? *»Die alte Art – doch nicht so schwer«.*

---

[23] Wolfgang Rihm: Zur Aktualität Pfitzners. In: W. Osthoff (Hg.): Symposium Hans Pfitzner Berlin 1981. Tutzing 1984, S. 189 – 193.

Thomas Mann und Hans Pfitzner.
Handelnde Anverwandlung und leidendes Beharren.

Die Geschichte des Verhältnisses zwischen Thomas Mann und Hans Pfitzner ist ein Beispiel für die Spannweite, in der deutscher Geist auf eine politisch überaus heikle Zeit reagiert. Die Zeit: Zwischen Ausbruch des Ersten Weltkriegs und dem Ende des zweiten Weltkriegs; Kaiserzeit, Weimarer Republik, Naziregime, Neuanfang. Die Personen: Ein Dichter mit einem intensiven Verständnis für Musik und ein Komponist, der auch schriftstellerte, ja – wie Tomas Mann einräumte – dichtete.

Zu Beginn des Ersten Weltkriegs ist Pfitzner 45, Mann 39 Jahre alt, am Ende des Zweiten Weltkriegs hat Pfitzner noch 4 Jahre, Mann noch 10 Jahre zu leben; beide werden 80 Jahre alt. Aus unterschiedlichsten Verhältnissen kommen sie aufeinander zu; fünf Jahre lang stehen sie in engem Kontakt – zwischen *Palestrina* und der *Rede von deutscher Republik* –, danach führen Lebenswege und Geisteshaltungen diametral auseinander; zum Schluss bleiben nur noch Invektiven. *Es steht uns frei*, schreibt Mann 1925 an Pfitzner, *uns zu verfeinden; aber wir werden nicht hindern können, daß künftige Zeiten unsere Namen häufig in einem Atem nennen werden. Vielleicht sollten wir unser Verhältnis ein wenig sub specie aeterni betrachten und über alle Meinungsgegensätze hinweg eine Brüderlichkeit anerkennen, von der die Nachwelt uns kaum dispensieren wird.*[1]

Hat Thomas Mann die Nachwelt richtig eingeschätzt? Zu ungleich erscheint heute die Bedeutung Manns und Pfitzners[2]; zudem hat die geschichtliche Entwicklung für Thomas Mann und gegen Pfitzners Standpunkte entschieden. So gilt heute das Bild, das die Thomas-Mann-Exegeten entwerfen: Ein bedeutender Dichter tritt

---

[1] Thomas Mann: Briefe 1889 – 1936. Frankfurt/M. 1961, S. 241 f.
[2] Golo Mann meinte in den Achtzigerjahren: »Heute trifft das <die Gleichrangigkeit> kaum noch zu, es ist ja Pfitzner so gut wie vergessen« (G. Mann: Erinnerungen und Gedanken«, Frankfurt/Main 2010, S. 44).

nachdrücklich in der Öffentlichkeit für einen Komponisten und sein Werk ein und macht dies erst eigentlich bekannt; dies dankt ihm der Komponist, indem er Münchner Prominente 1933 zu einem Aufruf gegen den Dichter veranlasst, der zum Exil des Dichters führt. – Eine finstere Geschichte, und sie passt zum gängigen Bild des Komponisten, der als schwierig, zänkisch, reaktionär, antisemitisch und nationalistisch gilt.

Politischer Dichter – unpolitischer Komponist

Wer es unternimmt, von dieser Geschichte sich ein klares Bild zu verschaffen, steht zunächst vor einer ersten großen Schwierigkeit: Wie kann man von diesen Vorgängen, die von uns aus gesehen jenseits des *Dritten Reichs* liegen, ein objektives Bild gewinnen? Die Zeit der Nazi-Herrschaft saugt die davorliegende Zeit in einer Weise auf, als habe diese sich folgerichtig und zwangsläufig auf Hitler zubewegt; Persönlichkeiten werden dementsprechend je nach ihren Haltungen als prä- oder antifaschistisch eingeordnet, so als hätten sie während der Weimarer Republik alle bewusst auf die Machtergreifung zu oder gegen sie, für oder gegen die Judenausrottung gehandelt.

Im Falle von Thomas Mann und Hans Pfitzner kommt als weitere Schwierigkeit hinzu, dass ihre Sensibilität für Politik sehr unterschiedlich ausgeprägt war. Thomas Mann sieht sich als Schriftsteller in Pflicht genommen von einer Verantwortung, *die strenger sein mag, als diejenige, die dem Musiker auferlegt ist. Du folgtest selig der Liebe Macht,*[3] schreibt er an Pfitzner und trifft damit dessen Haltung. *Ich, der ich von eigentlicher Politik nicht das Geringste verstehe, sondern nur die gefühlsmäßig nationale Einstellung habe,*[4] charakterisiert sich Pfitzner selbst. Thomas Mann fühlte sich aufgerufen, an der politischen Bewusstseinsbildung mitzuwirken; Zeugnisse sind seine

---

[3] s. Anm. 1.
[4] Hans Pfitzner: Eindrücke und Bilder meines Lebens. Hamburg 1947, S. 64, auch GS IV, S. 556 – 692.

zahlreichen politischen Reden. Für Pfitzner war das Zentrum seiner Existenz das Komponieren und das Aufführen des Komponierten: Seine politischen Absichten waren entweder aus eigenem Erleben affektiv geprägt oder von anderen, z.b. von Paul Cossmann, übernommen; sofern man das überhaupt kann, verhielt er sich unpolitisch, jedenfalls in dem Sinne, dass ihm ein bewusstes perspektivisches politisches Denken – losgelöst von seiner kompositorischen Welt – fremd war. Ließ sich Thomas Mann von jeweiligen politischen Situationen immer neu herausfordern und wandeln, verblieb Pfitzner bis zu seinem Lebensende 1949 in den politischen Anschauungen, die sich bei ihm im Wesentlichen unter dem Eindruck des Kriegsendes 1918 und des Versailler Vertrags gebildet hatten. So ist Thomas Mann politisch der so viel Sensiblere; seine jeweiligen Haltungen lassen sich politisch einordnen – Hans Pfitzner, der politisch so viel Starrere, politische Kategorien treffen sein Verhalten nicht im Kern.

Gemeinsame konservative Weltsicht

Mit dem künstlerischen Werk beginnt es: Thomas Mann wird von Pfitzners Freund Bruno Walter anlässlich der Uraufführung der musikalischen Legende *Palestrina* 1917 mit diesem Werk bekanntgemacht. Dieses Bühnenwerk hat in Pfitzners eigenem Text nicht nur – wie Thomas Mann zugesteht – eine Dichtung zur Vorlage, es ist auch, gleichsam wider Willen, ein ungewöhnlich aktuelles politisches Stück. Pfitzner verkündet eine humane Botschaft mitten im Krieg und in einer Umbruchszeit, sein Credo findet sich gleich im Schopenhauerschen Motto, in dem es heißt: *Dieses intellektuelle Leben schwebt, wie eine ätherische Zugabe ... über dem weltlichen Treiben, ... und neben der Weltgeschichte geht schuldlos und nicht blutbefleckt die Geschichte der Philosophie, der Wissenschaft und der Künste.* Der Komponist lebt abgehoben von der Realität und bereichert mit seinem Werk das ideelle Bild der Menschheit; *Palestrina*, der zugleich Pfitzner selbst ist, schafft seine Musik unabhängig von weltlichen Befehlen und Zwangsmitteln, lediglich seinem eigenen inneren Gebot folgend. Zugleich verkündet das Werk den unaufhaltsamen Untergang einer großen Zeit, deren Erinnerung nur noch durch die Leistung des einzelnen aufrechterhalten werden kann. *Palestrina* rettet – nach Pfitzners Legende – die Musik, aber er weiß zugleich, dass das Neue nicht aufzuhalten ist. Rückschau Pfitzners auf die untergehende Romantik; Selbstbildnis Pfitzners als ein letzter Künder dieser Romantik, schon mitten in der neuen Zeit; Überhöhung dieser persönlichen Einsicht zu einer allgemein menschlichen Erkenntnis aus einem spezifischen geschichtlichen Augenblick heraus.

Mit diesem resignativen Konservativismus traf Pfitzner zentral die damalige Weltsicht Thomas Manns. Der beschreibt in seinen *Betrachtungen eines Unpolitischen*, wie sehr ihn dieses Bühnenwerk in seiner Existenz berührt: »*Ich hörte Hans Pfitzners musikalische Legende Palestrina dreimal bisher, und merkwürdig rasch und leicht ist mir das spröde und kühne Produkt zum Eigentum, zum vertrauten Besitz geworden. Dies Werk, etwas Letztes und mit Bewußtsein Letztes aus der schopenhauerisch-wagnerischen, der romantischen Sphäre, mit seinen dürerisch-faustischen Wesenszügen, seiner metaphysischen Stimmung, seinem Ethos von Kreuz, Tod und Gruft, seiner Mischung aus Musik, Pessimismus und Humor ... sein Erscheinen in diesem Augenblick gewährte mir Trost und Wohltat vollkommener Sympathie, es entspricht meinem eigensten Begriff von Humanität, es macht mich positiv, erlöst mich von der Polemik, und meinem Gefühl ist ein großer Gegenstand damit geboten, an den es sich dankbar schließen kann, bis es zu eigener Gestaltung wieder genesen und beruhigt ist, und von dem aus gesehen das Widerwärtige in wesenlosem Scheine liegt ...*[5]

Pfitzner und Mann haben in einem historischen Augenblick, in einer Endzeit ein identisches Lebensgefühl, die *Sympathie mit dem Tode*.[6] Auch seine damalige politische Auffassung findet Thomas Mann im Werk wieder, wenn er feststellt, dass *es des fortschrittlichen*

---

[5] Th. Mann: Betrachtungen eines Unpolitischen. Frankfurt/M. 1956, S. 399.
[6] Th. Mann: a.a.O. S. 415.

Optimismus, der politischen Tugend also, völlig entbehrt.[7] Thomas Mann zeigt politische Wachheit, indem er seine und Pfitzners Einstellung als unpolitisch beschreibt; bewusst analysiert er in den *Betrachtungen*, was Pfitzner leidend erfühlt und ausgedrückt hat.

Die Verständigung der beiden Menschen verläuft übrigens nicht ganz so befriedigend. Von einem abendlichen Beisammensein berichtet Thomas Mann 1917 an Bruno Walter: »*Pfitzners verbrachten neulich einen Abend bei uns. Daß er sich wohlgefühlt hat, bezweifle ich, wiewohl er mindestens fünf Gläser Moselwein trank, auch eine größere Anzahl hausgebackener Kuchenplätzchen zu sich nahm und sich also wenigstens in dieser Hinsicht zu dem Gebotenen positiv verhielt. Im übrigen ist er zum Sichwohlfühlen nicht geboren: ein schwieriger, wunder, zwiespältiger Mensch, glaube ich, der bei aller Liebe zum erlösenden Intellekt von der bösen Willenswelt seines II. Palestrina-Aktes ohne Zweifel viel in sich trägt.*«[8]

Aber Mann berichtet 1918 auch, Pfitzner habe *gut und lebhaft* über die Gründe des Ekels gesprochen, den Deutschland bei anderen (den Siegern) errege, und die ungleiche Paarung beklagt von *ungeheurer Kraft, hohem Adel und tiefem Geist* mit *Mangel an Stolz und Würde, innerer Schlaffheit und lakaienhaftem Sichanbiedern.*[9]

Tatsächlich waren beide Menschen sehr verschieden – es konnte zwischen ihnen nicht gutgehen. Es beginnt mit der Herkunft: Thomas Mann, Angehöriger einer Patrizierfamilie, Pfitzner, aus kleinbürgerlichen, engen Verhältnissen, geplagt von Minderwertigkeitsgefühlen und Lebensangst. Eine führende Position in der Gesellschaft nahm Thomas Mann aktiv und direkt in Anspruch; Pfitzner fand zwar auch, dass ihm eine geistige Führungsrolle zustünde, aber sie sollte ihm gleichsam indirekt wie seinem Palestrina zufallen: *Sein echter Ruhm, der still und mit der Zeit sich um ihn legte wie ein Feierkleid; sollt' er dafür wohl gar noch dankbar sein? (Palestrina)*. Für den aktiven Thomas Mann waren neue Situationen Herausforde-

---

[7] Th. Mann: a.a.O. S. 410.
[8] Th. Mann: Briefe. S. 137 f.
[9] Th. Mann: Tagebucheintragung vom 24. 9. 1918.

rungen, sie sich oder sich ihnen anzuverwandeln; für den meditativen Pfitzner waren neue Situationen Störungen; er wünschte sich dauerhaft verlässliche klare Verhältnisse. Das Sich-selbst-Treubleiben war ihm ein tiefes Bedürfnis; Standpunktänderungen erschienen ihm als Opportunismus, ja Verrat.[10] So finden wir Thomas Mann selbst dort, wo er sich als unpolitisch bezeichnet, aktiv handelnd, analysierend, ja appellierend, Pfitzner hingegen defensiv reagierend, und wenn reagierend, affektiv geladen, polemisch und über den eigentlichen Anlass weit hinausschießend.

Politische Kahlschläge

In den drei Jahren der Begeisterung über *Palestrina* schreibt Thomas Mann nicht nur die Passagen über Pfitzner in den Betrachtungen, er formuliert auch einen Aufruf für den *Hans-Pfitzner-Verein für deutsche Tonkunst* und hält eine flammende Rede zu Pfitzners 50. Geburtstag[11]. Dabei begründet er gleichsam im Nachhinein das *Deutsche* an Pfitzners Musik, indem er *deutsch, romantisch* und *konservativ* in einen engen Zusammenhang stellt; Pfitzner wird so zu einem *kerndeutschen, echt bürtig deutschen* Exponenten konservativen Beharrens gegen internationale Modernismen. Das ist die *Palestrina*-Situation, verengt aufs Deutschnationale; auch Thomas Mann ist in der Zeit nach Versailles nicht frei von chauvinistischer Enge.

Bei Pfitzner bekommt dieses Deutsche nationalistische Schärfe nach Kriegsende. Er verlor 1918 seine Stellung in Straßburg, musste mit seiner Familie fliehen und war zunächst ohne Wohnung und feste Stellung, ein Flüchtlingsschicksal, wie es 1918 noch selten war. Speziell ihn, so meinte er, hatte also der Krieg, hatten die Feinde getroffen. Ihn, der so sicherheitsbedürftig war, verletzte

---

[10] H. Pfitzner: Eindrücke ... S. 63 ff.
[11] Th. Mann: Aufruf zur Gründung des H. Pfitzner-Vereins für deutsche Tonkunst. In: *Miszellen*, Frankfurt/M., 1968, S. 49. Tischrede zum 50. Geburtstag H. Pfitzners. Gesammelte Werke, Bd. X, S. 417 ff.

dies existentiell und prägte seine politische Einstellung. Darin fühlte er sich durch Äußerungen Thomas Manns bestätigt und durch seinen engen Freund Paul Cossmann, der die *Süddeutschen Monatshefte* und die *Münchner Neuesten Nachrichten* zu Organen der Abrechnung mit den *Kriegsschuldlügen* und der Ungerechtigkeit des Versailler Vertrags machte, erheblich bestärkt. Pfitzner wurde zum Chauvinisten[12].

Ausdruck dieser Einstellung wird Pfitzners wohl politischste Schrift *Die neue Ästetik der musikalischen Impotenz* (1920). In ihrem Kern ist diese Schrift zwar eine Abhandlung über den Einfall in der Musik als Verteidigung gegen den Versuch, außermusikalische Programme als Quellen der Musik zu etablieren. Politisch wird das Buch erst dadurch, dass Pfitzner Paul Bekker als Exponenten einer neuen Musikästhetik sieht, die die Grundlage seines Komponierens in Frage stellt. Nur aus dieser existenziellen Bedrohung ist zu verstehen, dass Pfitzner das Buch überhaupt schreibt und dass es in seiner überaus affektiven Polemik weit über eine Ästhetik hinausschießt. Pfitzner erklärt das später damit, dass es in der *Stimmung von Damals, wo alles zusammenbrach*, geschrieben sei.[13] Er sieht, angesichts der drohenden Feinde von außen und innen, die das Deutsche entwürdigen, eine Verbindung zwischen Bekkers neuer Ästhetik und den internationalen Kräften, die das Deutschtum, die deutsche Musik – und damit Pfitzners Wurzeln und Lebensbereich – zerstören wollen: *Schließlich ist es nicht möglich, in eben dieser Zeit auf irgendein Gebiet des deutschen Geisteslebens zu sprechen zu kommen, ohne sofort auch schon bei der Existenzfrage des deutschen Volkes angelangt zu sein.* Pfitzner, der als Komponist eine überaus differenzierte Musik schrieb, sah als politischer Polemiker um der von ihm gewünschten Klarheit willen die Verhältnisse simpel: Sein Standpunkt ist der echt deutsche, der Standpunkt der Gegenseite ist der undeutsche, internationale. Und um den Kahlschlag vollständig zu machen,

---

[12] Siehe die politischen Positionen in seiner 1920 erschienenen Schrift Die neue Ästhetik der musikalischen Impotenz,
[13] Vorwort zur 3. Auflage a.a.O. S. 103.

etikettiert er das Undeutsche, Internationale mit der Bezeichnung *internationales Judentum*. Zwar betont er, dass er nicht zwischen Deutschen und Juden, sondern zwischen deutsch Empfindenden und nicht deutsch Empfindenden trennt,[14] – natürlich meinte er nicht seine zahlreichen jüdischen Freunde Paul Cossmann, Bruno Walter, Arthur Erloësser, Willy Levin u.a., die sich im Übrigen auch nicht getroffen fühlten –, aber es ist fatal, dass Pfitzner hier einen Sprachgebrauch wählt, der dann vom Naziregime tödlich aufgenommen wird.

Dass die *Neue Ästhetik* gerade wegen der ganz überflüssigen politischen Kahlschläge eine erhebliche politische Wirkung hatte, zeigt sich an den drei Auflagen, die das Buch während der Weimarer Republik erlebte. Mit seinen antidemokratischen, polemischen Affekten bestärkte Pfitzner, auch wenn er das nicht wollte, die reaktionären Elemente im Konservativismus. Genau dies tat Thomas Mann mit seiner Rede *Von deutscher Republik* von 1922 nicht. Zwar hat er nichts übrig für die proletarische Seite der Demokratie; es ist auch nicht eigentlich die Republik der Weimarer Verfassung, für die sich Thomas Mann ausspricht, sondern eher eine Honoratioren-Republik hanseatischen Zuschnitts, und ich bin auch nicht sicher, ob die mehrfache Benennung des Reichspräsidenten als *Vater Ebert* nicht auch ein wenig Kritik enthielt, dass das Oberhaupt der Honoratioren-Republik etwas bieder ausgefallen sei. Gleichwohl öffnet Thomas Mann den Konservativismus zur Republik hin, mag dies auch ungewöhnlich artifiziell formuliert sein.

---

[14] So wendet er sich 1936 im Essay »Robert Schumann – Richard Wagner, eine Sternenfreundschaft« (GS IV, S. 119 ff (124 f) gegen die Behauptung Wagners, Schumann sei durch die »Einmischung des jüdischen Wesens« – gemeint war wohl Felix Mendelssohn-Bartholdy – verdorben worden.

Entfremdung

Pfitzner sah in dieser Rede eine Aufkündigung gemeinsamer Haltung; er lässt das Verhältnis zu Thomas Mann abkühlen und schreibt ihm zu seinem 50. Geburtstag 1925[15]:*»Wir haben uns lange nicht gesehen. Diese Tatsache könnte das sein, was man Zufall nennt; denn eine Veranlassung, uns zu meiden, ist von keiner Seite ausgesprochen worden. Es drängt mich aber, und ich halte es für meine Pflicht, Ihnen zu sagen, daß ich meinerseits den Zustand, Sie nicht zu sehen, einer Begegnung mit Ihnen vorzog. Nicht leichten Herzens. Denn die wirklichen Freunde meiner Kunst und die Personen, die mir so wenig fernstehen in ihrem Leben und Wirken wie Sie, sind nicht so dicht gesät, als daß mir ein Verzicht auf ihre zeitweilige menschliche Nähe ein Vergnügen wäre. Aber gerade aus diesen Gefühlen heraus ist es meiner Art unmöglich, unehrlich zu sein. So möchte ich Ihnen denn das sagen, was Sie wahrscheinlich schon längst fühlen, daß mich Ihre letzten öffentlichen politischen (um dieses nicht ganz zutreffende Wort zu gebrauchen) Kundgebungen schmerzlich Ihnen entfremdet haben«*.

Thomas Mann antwortet darauf,[16] indem er das Verhältnis zu Pfitzner mit dem Wagners zu Nietzsche vergleicht: *»Nietzsche war, wie Wagner, von dem er sich mit seinem Gewissensurteil gelöst, den er aber bis in den Tod geliebt hat, seiner geistigen Herkunft nach ein später Sohn der Romantik. Daß aber Wagner ein mächtig glückhafter Selbstverherrlicher, Selbstvollender, Nietzsche dagegen ein revolutionärer Selbstüberwinder war und zum Judas wurde, das macht es, daß jener auch nur der letzte Verherrlicher und unendlich bezaubernde Vollender einer Epoche blieb, dieser aber zu einem Seher und Führer in neue Menschenzukunft geworden ist ... Wie es nun um die romantischen Lizenzen des Musikers stehen mag: Ein literarischer Künstler, der in einem europäischen Augenblick, wie diesem, nicht die Partei des Lebens und der Zukunft gegen die Faszination des Todes ergriffe, wäre wahrhaftig ein unnützer Knecht«*.

---

[15] Abgedruckt in Hans Pfitzner: *Briefe*, Brief v. 18. 6. 1925, S. 405 f.
[16] Th. Mann: Briefe. S. 241 f.

Der Unterschied, den Thomas Mann zwischen Literat und Komponist aufreißt, mag einigermaßen prekär sein. Jedenfalls traf er den Unterschied in den Persönlichkeiten Thomas Manns und Pfitzners. Thomas Mann empfand sich als analysierenden Beobachter, Berichterstatter und literarischen Wortführer; das Verhältnis zu Pfitzner ist für ihn von Anfang an ein *öffentliches*, das er sogleich historisch einordnet und sorgfältig dokumentiert, ein Verhältnis vor imaginärem Publikum. Für Pfitzner ist es ein privates Verhältnis; wir finden keine Aufzeichnungen von ihm über die Gespräche mit Thomas Mann, obwohl sie für ihn zweifellos wichtig waren.

Nach 1920 äußert sich Thomas Mann übrigens nicht mehr über Pfitzners Werk, das ihn doch dermaßen ergriffen hatte. Mit der Berichterstattung darüber hatte er seine Stimmung durchlebt und sich die Begegnung mit Pfitzners Werk so angeeignet, dass sie Teil seiner eigenen Ansichten wurden. Man kann dies an seinem nächsten, mit Musik zusammenhängenden Werk, dem Essay *Leiden und Größe Richard Wagners*, den er zu dessen 50. Todestag veröffentlichen sollte, im Einzelnen am Bild Wagners, das er zeichnet, nachweisen. Dieser Essay wurde allerdings auch zum Endpunkt der Brüderlichkeit zwischen Thomas Mann und Pfitzner.

Manns »Verrat« und Pfitzners »Protest«

Am 10. Februar 1933, 10 Tage nach der Machtergreifung, hält Thomas Mann im Auditorium Maximum der Universität München seine Wagner- Rede zum ersten Mal, in den folgenden Wochen tritt er mit ihr in Amsterdam, Brüssel und Paris auf, im April erscheint der Essay in der *Deutschen Rundschau*. Als Antwort darauf veröffentlichen die *Münchner Neueste Nachrichten* (deren Inhaber Paul Cossmann war gleich im Januar 1933 als Jude ins KZ Dachau eingeliefert und seine Zeitung in die nationalsozialistischen Hände Max Amanns überführt worden) den Protest der *Richard-Wagner-Stadt München*, unterzeichnet von ca. 40 prominenten Münchnern:

u.a. von Hans Knappertsbusch, Siegmund von Hausegger, Richard Strauss, Olaf Gulbransson, vom Oberbürgermeister, von Präsidenten öffentlicher Einrichtungen, von Hochschulprofessoren und später bekannten Nazi-Größen, insbesondere Max Amanns; und eben auch von Hans Pfitzner – eine ziemlich peinliche Ansammlung von politisch kurzsichtigen Honoratioren und politisch agierenden Nazis[17].

Wer heute den Wagner-Essay Manns liest, muss sich wundern, dass sein Inhalt eine derartige Aktion auslösen konnte. Gewiss, wenn man Wagner als heldischen Übermenschen idealisiert, wie die Generation der Unterzeichner das vermutlich noch getan haben dürfte, dann müsste Manns Versuch, mit psychologischen, ja tiefenpsychologischen Mitteln in den Menschen Wagner einzudringen und von daher sein Werk zu analysieren, zutiefst ärgerlich sein. Mit der provozierenden Feststellung, das Genie Wagner setze sich *aus lauter Dilettantismen* zusammen, musste Mann bei Musikern auf Unverständnis stoßen, die immerhin Wagners Meisterschaft Note für Note nachweisen konnten. Die Kombination Wagners mit Sigmund Freud war zudem politisch anstößig. Pfitzner hatte ein vergleichsweise viel nüchterneres »Werkstattverhältnis" zu Wagner als Thomas Mann: Kein geringerer als Ernst Bloch würdigte Pfitzners Deutung des *Tristan*, wie sie im Essay *Melot der Verruchte* zum Ausdruck kommt.[18] In ihrer kritischen Einstellung zu Wagner waren sich Thomas Mann und Pfitzner näher, als man vermuten möchte.

Letztlich ging es aber gar nicht um die Sache, sondern um das, was in breiten bürgerlichen Kreisen mindestens in München als *Verrat* gewertet wurde. »*Wir lassen uns eine solche Herabsetzung unseres großen deutschen Musikgenies von keinem Menschen gefallen, ganz sicher nicht von Herrn Thomas Mann, der sich selbst am besten dadurch kritisiert und offenbart hat, daß er die Gedanken [sic!] eines Unpolitischen nach seiner*

---

[17] Dazu auch B. Adamy: *Hans Pfitzner*. Tutzing 1980, S. 223 ff (251 ff), sowie H. R. Vaget: *Im Schatten Wagners*. Frankfurt/M. 1999, S. 229 – 300.
[18] GS I, S. 21 ff; s. auch »Die Oper«, in GS IV, S. 87 ff.

Bekehrung zum republikanischen System umgearbeitet und an den wichtigsten Stellen ins Gegenteil verkehrt hat«[19].

Auch für Pfitzner geht es ausschließlich darum: »*Wagner braucht man nicht mehr zu verteidigen. Aber uns selbst, unser Ansehen im eigenen Land und bei den lieben Nachbarn, das wollen wir verteidigen und uns dagegen auflehnen, wenn wir erleben, daß ein öffentlicher Spruchsprecher, ein höchstgeachteter Name über unseren größten Musikdramatiker Dinge sagt, die in der großen Öffentlichkeit mißverstanden werden müssen. Wenn Thomas Mann sich mit mir und noch einigen wissenden Leuten zusammensetzt und über Goethe oder Wagner spricht und es laufen Ausdrücke unter wie amusisch und dilettantisch, so ist das eine esoterische Angelegenheit. Da kann jeder der am Gespräch Beteiligten sicher sein, daß er nicht mißverstanden wird. Aber exoterisch – nein, nicht vor Holländern, Schweizern und Franzosen! Das mußte Thomas Mann wissen und eines kräftigen Protestes gewärtig sein. Thomas Mann als bedeutender Künstler und auch rein menschlich wird sicherlich der großen Hochschätzung auch derer gewiß sein können, die seine Entgleisung – denn als solche empfinde ich sie auch – nicht mitmachen«*[20].

Wir erkennen hier rückblickend in einem konkreten Beispiel, in welchem Maße Exponenten des konservativen Bürgertums in den ersten Monaten des Dritten Reiches sich glauben leisten zu können, gleichsam unpolitische Auseinandersetzungen über Fragen der Anständigkeit und der Ästhetik in der Öffentlichkeit zu diskutieren, ohne die politische Dimension dieses Handelns, also die Tatsache präsent zu haben, welche existentiellen Folgen diese schöngeistige Diskussion haben konnte. Mindestens für Pfitzner, aber sicher auch für andere Konservative, stand die Demütigung Deutschlands durch das feindliche Ausland im Versailler Vertrag so sehr vor Augen, dass sie blind waren gegenüber der Pervertierung des Patriotismus durch die Nazis, wie sie Thomas Mann in

---

[19] Th. Mann hatte in der Neuauflage der »Betrachtungen« stillschweigend 38 Seiten weggelassen, die offenbar nicht mehr vereinbar waren mit seiner politischen Einstellung zur Republik.

[20] H. Pfitzner in Frankfurter Zeitung vom 2. 7. 1933 (GS IV, S. 87 ff.)

seiner *Deutschen Ansprache* bereits 1930 in aller Deutlichkeit aufgezeigt hatte.[21]

Obwohl der *Protest* von zahlreichen Prominenten unterschrieben ist, ist es einzig Hans Pfitzner, der zunächst für den *Protest* verantwortlich gemacht wurde. Thomas Mann machte ihm zum Vorwurf, dass er als ehemaliger Gesprächspartner und Kenner von Thomas Manns Ansichten doch hätte sehen müssen, aus welcher Liebe und Verehrung heraus er, Thomas Mann, sich mit Wagner befasse. Charakteristisch taucht in Pfitzners Erwiderung das Motiv des Sich-selbst-Treubleibens auf: *So aber durfte ich meine Unterschrift nicht verweigern, ohne vor mir selbst feige zu erscheinen und mußte die Sache über die Person stellen.*

Willi Schuh brachte eine persönliche Nuance von großer Wirksamkeit in die Diskussion, als er im Juli 1933 in einem Zeitungsartikel den Vorwurf der Undankbarkeit gegen Pfitzner erhob; in Thomas Manns Lager ging man noch weiter: Pfitzner sei der Urheber des *Protests* gewesen. Diese Behauptung ist nachweislich falsch. Pfitzner ist nach eigenem Bekunden erst gegen Ende der Fertigstellung des Protestes um seine Unterschrift gebeten worden; er hat sie davon abhängig gemacht, dass eine besonders kränkende Schluss Passage, die offenbar von Knappertsbusch stammte, beseitigt wurde.[22] Knappertsbusch hat den Protest organisiert; wie weit ihm Amann dabei die Feder geführt hat, müsste noch erforscht werden; viel spricht dafür, dass der eigentliche Drahtzieher Amann war, Hitlers Feldwebel im Krieg und Parteimitglied Nr. 3, Verleger des Buches »Mein Kampf«. Amann hat sich jedenfalls gleich nach der Machtergreifung die von Cossmann geleiteten »Münchner Neusten Nachrichten« angeeignet, die er dann zu einem Nazi-Kampfblatt umformte.

---

[21] Das Interesse der Nazis am Wagner-Protest könnte darin gelegen haben, Th. Manns Ansehen so zu untergraben, dass sie ihn, wäre er nach Deutschland zurückgekehrt, wegen seiner »Deutschen Ansprache« hätten beseitigen können.

[22] Dazu B. Adamy: Hans Pfitzner. Tutzing 1980, S. 251 ff.

Die Peinlichkeit der Gesellschaft der Unterzeichner und das Beharren in politischen Anschauungen nach Versailles bleiben berechtigte Vorwürfe, die sich an die Persönlichkeitsstruktur Pfitzners richten, auch, dass er mit dieser privatistischen Haltung den Nazis Vorschub leistete. Nur tat er es eben nicht in politischem Bewusstsein, sondern aus seinen persönlichen Affekten heraus.

Affinität zum Tode und Überheblichkeit

Der Rest der Geschichte vom Dichter und dem Komponisten ist von beiden Seiten unerfreulich. Pfitzner schreibt 1946 einen Brief an Bruno Walter, der bezeichnend ist für das Beharren in den Erfahrungen nach dem ersten Weltkrieg und in den Vorstellungen Schopenhauers, trotz alledem, was in den letzten zwölf Jahren geschehen war und auch Pfitzner persönlich betraf: *Man kann ein Volk unmöglich so martern und demütigen, wie es in und nach dem ersten Weltkriege mit Deutschland geschehen ist, ohne daß die Folgen, die mit causaler Gesetzmäßigkeit daraus entstehen, dementsprechend sind*[23]. Zugleich wendet er sich gegen die Kollektivschuld des Deutschen Volkes, wie sie selbst manche Deutsche wie Thomas Mann und Hermann Hesse sich nicht schämen zu verkünden. Dies sei *»intellektuell ebenso flach und falsch, wie moralisch infam«*. Und er bekennt sich zur platonischen Idee Deutschlands, dem *»Kanarienvogel unter Spatzen«*. Bruno Walter hat darauf nicht geantwortet. Er hat freilich den Brief Thomas Mann gezeigt, und dieser benutzte die Gelegenheit eines in Deutschland veröffentlichten Artikels zum 70. Geburtstag Hermann Hesses, um auf den privaten Brief öffentlich einzugehen: *»Ein namhafter alter Tonsetzer in München, treudeutsch und bitterböse, hat kürzlich in einem Brief nach Amerika uns beide, Hesse und mich, als Elende bezeichnet, die nicht wahrhaben wollten, daß wir Deutschen das oberste und edelste der Völker, ein Kanarienvogel unter lauter Spatzen seien. Das Bild als*

---

[23] Brief Pfitzners vom 5. 10. 1946 in GS IV, S. 347 ff sowie Briefe, S. 1020 – 1023..

solches ist eigentümlich verfehlt und albern, von seiner Unbelehrtheit, dem unverbesserlichen Dünkel, der sich darin ausdrückt, und der doch Jammers genug über dies unselige Volk gebracht hat, ganz abgesehen. Nun, der Mann hat sein Leben lang viel zänkischen Unsinn geredet, und so legt man's zum Übrigen«.

Wer Thomas Manns Schriften kennt, ist versucht anzunehmen, dass dies nicht alles sein kann, was Thomas Mann nach 1933 zum Thema Pfitzner gedacht hat. Die Glocken von Rom im Roman *Der Erwählte* erinnern mit ihrem *abenteuerlichen Schaukeln* an das Glockenfinale des ersten Aktes Palestrina. Der Roman *Dr. Faustus* enthält in der Komponisten-Figur des Adrian Leverkühn eine dunkle, dämonische Seite, die Klaus Mann auf Pfitzner zurückfuhrt (Thomas Mann hat dies ausdrücklich bestritten). In seiner Rede *Deutschland und die Deutschen*, gehalten 1945 in Washington, identifiziert Thomas Mann in der Tat Deutschland mit Hitler, aber anders als es Pfitzner interpretiert: Thomas Mann hat sich gelöst von der Unterscheidung in ein gutes und ein schlechtes Deutschland; für ihn gibt es *nur eines, dem sein Bestes durch Teufels List zum Bösen ausschlug. Das böse Deutschland, das ist das fehlgegangene gute, das gute im Unglück, in Schuld und Untergang.* Und Thomas Mann identifiziert sich selbst mit diesem Deutschland: *Ich habe es auch in mir, ich habe es alles am eigenen Leib erfahren.* Manche weiteren Einsichten in diesem Vortrag könnten Thomas Mann dann aus dem persönlichen Erlebnis Pfitzners erwachsen sein: So wenn er feststellt, dass die deutsche Romantik *Ausdruck jener schönsten deutschen Eigenschaft, der deutschen Innerlichkeit* sei; deutsche Romantik, das ist für ihn *»eine gewisse dunkle Mächtigkeit und Frömmigkeit, man könnte auch sagen: Altertümlichkeit der Seele, welche sich den chthonischen, irrationalen und dämonischen Kräften des Lebens, das will sagen: den eigentlichen Quellen des Lebens nahefühlt und einer nur vernünftigen Weltbetrachtung und Weltbehandlung die Widersetzlichkeit tieferen Wissens, tieferer Verbundenheit mit dem Heiligen bietet«.* Aber: *»Dies ist ihr verwirrendes Paradox, daß sie, die die irrationalen Lebenskräfte revolutionär gegen die abstrakte Vernunft, den flachen Humanitarismus vertritt, eben durch ihre Hingabe an das Irrationale und die Vergan-*

genheit, eine tiefe Affinität zum Tode besitzt ... Sie hat als deutscher Geist, als romantische Gegenrevolution dem europäischen Denken tiefe und belebende Impulse gegeben, aber ihrerseits hat ihr Lebens- und Todesstolz es verschmäht, von Europa, vom Geist der europäischen Menschheitsreligion, des europäischen Demokratismus, irgendwelche korrigierenden Belehrungen anzunehmen.«

Trotz allem: Brüderlichkeit sub specie aeterni?

Das Paradox, von dem hier die Rede ist, hatte Thomas Mann in seiner Wagner-Rede ausführlich am Beispiel dieses Komponisten exemplifiziert. Wieviel Erfahrung von Pfitzners *Palestrina* ist in diese Analyse eingegangen? Wieviel von der Einsicht in die dunklen, irrationalen und dämonischen Kräfte des Lebens, die für Thomas Mann die eigentlichen Quellen des Lebens sind, hat er dem *Palestrina* und dem Gespräch mit Pfitzner über die *Sympathie mit dem Tode* abgewonnen?

Läge hier nicht der Schlüssel eines Verständnisses für das Beharren Pfitzners, als irrationaler Schutz und Zwang, um dem Dämonischen, aus dem heraus er komponierte, nahe zu bleiben? *Doch des Bewußtseins Licht, das tödlich grelle, das störend aufsteigt wie der freche Tag, ist feind dem süßen Traumgewirk, dem Künsteschaffen,* formuliert es *Palestrina*-Pfitzner.

Thomas Mann hat es gewusst. Hans Pfitzner hat es leidend erfühlt. Brüderlichkeit sub specie aeterni?

Hans Pfitzners kompliziertes Verhältnis zu Juden und zum Judentum

Vorbemerkungen

»Ich habe Dr. Pfitzner zur Zeit der Aufführung der »Rose vom Liebesgarten« in Wien im Hause Gustav Mahlers kennen gelernt. Es war mir immer bekannt, dass er Deutschnationaler im Sinne Richard Wagners, also mit einer kleinen antisemitischen Truebung war. Ich habe ihn in all diesen Jahren oefters gesprochen. Trotz aller uns trennenden Unterschiede, die kuenstlerischen inbegriffen, habe ich nie das Gefuehl von Agressivitaet gehabt. Kein Wunder, dass nach dem Abwandern so vieler Musikalischer Kraefte Pfitzner unter den wenigen, die verblieben, der erstklassige war und als solcher die Anerkennung fand, die ihm frueher zu Unrecht nicht immer zum Teil geworden war. Wenn das nazistische System fuer ihn von Vorteil war, so bin ich ueberzeugt, das er sich niemals dafuer gebeugt, niemals eine Konzession gemacht haette, Grausamkeiten aber sicherlich verurteilte«[1]. Das schrieb Arnold Schönberg am 10. 9. 1947 in Los Angeles als Eidesstattliche Erklärung für das Spruchkammerverfahren gegen Hans Pfitzner, das denn auch mit der Feststellung endete, Pfitzner sei »vom Gesetz nicht betroffen«.

Die Erklärung Schönbergs wird gern als Gefälligkeitsschreiben gewertet, denn sie passt nicht zu dem Persönlichkeitsbild, das eine moralisierende Generation von Pfitzner als einem »aggressiven, ja mörderischen Antisemiten« entwirft. Warum aber Schönberg für Pfitzner, der 1926 die von Schönberg vertretene atonale Musik heftig angegriffen hat, ein so dick aufgetragenes Gefälligkeitsschreiben formuliert haben soll, wird nicht erklärt. Der Stich gegen Pfitzner liegt in der Bemerkung, dass der unter den in Deutschland Gebliebenen (also ohne Schönberg) der »erstklassige« war. Und dass Pfitzner unter den Nazis auch opportunistische Kompromisse für die Aufführung seiner Werke geschlossen hat, konnte Schön-

---

[1] Im Faksimile abgedruckt in Johann Peter Vogel: Hans Pfitzner. Zürich/Mainz, 1999, S. 165

berg nicht wissen. Aber »eine kleine antisemitische Trübung«, keine »Aggressivität«, Verurteilung von Grausamkeiten? Schönberg erlebte Pfitzner in der Zeit zwischen 1904 und 1933; wenn Schönberg nicht den beschriebenen Eindruck gehabt hätte: sähe es ihm ähnlich, so etwas eidesstattlich zu erklären?

Eine Antwort ergibt sich aus den einschlägigen Schriften Pfitzners. Bei der Lektüre sollte zweierlei berücksichtigt werden. Zum einen war Pfitzner Komponist und fühlte sich als Genie. 1869 geboren verkörperte er das romantische Künstlerbild, wie es Schopenhauer beschreibt. Sein gesamtes Denken kreiste egozentrisch um das Komponieren und um die Aufführungen seiner Werke. Seine darauf ausgerichtete, geradezu dämonische Sensibilität war begleitet von einem ständigen Gefühl der Zurückgesetztheit; sein Körperbau war, wie er sagte, »dürftig«, er war lebensängstlich und außerordentlich sicherheitsbedürftig. Er suchte verlässlichen Halt im Nationalen wie im Freundeskreis; sich treu bleiben war ihm ein Grundbedürfnis für sich wie für seine Freunde. Zu seinem Unglück war er aber in eine nationale und künstlerische Umbruchzeit größten Ausmaßes hineingeboren[2]. Gegen diese Umbrüche und, was er dafür hielt, kämpfte er, weil er die deutsche Tradition in der Musik – und damit seine Musik – gefährdet sah. Er fühlte sich schnell und oft existentiell angegriffen, sah überall Boykotte und Kampagnen gegen sich und wehrte sich mit heftigen Schriften und juristisch anmutenden Schriftsätzen. Sie erscheinen heute wie fremdartige Texte; wer sie verstehen will, muss sich durch Polemik und Ressentiment hindurch arbeiten, um die Substanz der Aussagen würdigen zu können.

Zum anderen hat sich heute in den Medien der Vorwurf des Antisemitismus zu einer Keule verdichtet, mit der jede Differenzierung erschlagen werden kann. Denn wenn heute der Antisemitismus-Vorwurf erhoben wird, ist es immer das Verdikt des mörderi-

---

[2] Dazu Helmut Pillau: Finis musicae. Zukunftsangst bei Thomas Mann und Hans Pfitzner. In: Musik & Ästhetik, Heft 50 (2009), S. 37 – 47.

schen Antisemitismus, wie ihn Hitler in der Praxis umgesetzt hat. Diese übelste Form des Antisemitismus wird nicht nur auf den der Nazis erstreckt, sondern auch auf den Zeitraum vor den Nazis übertragen; nach historisch allerdings fragwürdiger Auffassung entwickelt sich nicht nur die deutsche Geschichte seit Martin Luther stromlinienförmig auf die Nazis zu, sondern es werden eben auch jegliche frühere Formen des Antisemitismus zu Vorformen des Hitlerschen Antisemitismus umgedeutet. Der Quantensprung, der diesen staatlich veranstalteten Massenmord von früheren Formen des Antisemitismus unterscheidet, wird übersehen. So fallen denn auch bestimmte Äußerungen Hans Pfitzners umstandslos und klischeebesetzt unter die Rubrik »mörderischer Antisemitismus«. Diese posthume Abstrafung wäre nicht weiter wichtig, wenn nicht die Rezeption seiner Musik darunter litte, als klänge sie antisemitisch.

Wissenschaftlich redlich ist diese historische Sicht allerdings nicht; lege artis müssten seine Äußerungen in ihrem zeitlichen und textlichen Umfeld gewürdigt werden[3]. Pfitzner war zwar ein unangenehmer Mitmensch, aber auch er hat das Recht, dass das, was ihm wirklich vorzuwerfen ist, getrennt wird von dem, was keine Grundlage in den Quellen hat. Diese Quellen, sämtliche schriftliche Äußerungen Pfitzners, sind veröffentlicht und stehen jedem zur Verfügung[4]. Außerdem hat Sabine Busch 2001 mit ihrem Buch *»Pfitzner und der Nationalsozialismus«* eine gründliche Untersuchung der Probleme vorgelegt[5]. An diesen Quellen müssen sich andere Veröffentlichungen wie die von Michael Kater oder Fred K. Prieberg oder Alltags-Beiträge in den Medien messen lassen.

Pfitzner hat sich zu Juden und Judentum neben verstreuten Briefstellen mit Einzelbemerkungen in zwei größeren Schriften

---

[3] Für die Zeit nach dem Zusammenbruch greife ich zurück auf Norbert Frei: 1945 und wir. dtv 2009.

[4] GS I ,II, IV.

[5] Sabine Busch: Hans Pfitzner und der Nationalsozialismus. Suttgart/Weimar 2001, besonders S. 114 – 130.

geäußert[6] : 1919 in »*Die neue Ästhetik der musikalischen Impotenz*« mit dem 3. Vorwort von 1926[7] , und 1945/46 in der »*Glosse zum 2. Weltkrieg*«[8]. Die Schriften befassen sich nicht speziell mit dem »Judenthum in der Musik«, wie die Schrift Richard Wagners[9] , sondern berühren sein Verhältnis zu den Juden nur am Rande. Was steht in diesen beiden Schriften?

National und international empfindende Deutsche

In der »*Neuen Ästhetik*« wendet sich Pfitzner gegen Paul Bekkers Deutung der Musik Beethovens. Bekker legt in seinem Buch »*Beethoven*«[10] seine Auffassung dar, dass Beethovens Sinfonien jeweils einer poetischen Idee entsprängen. Der Komponist müsse »*schon den ganzen Satz haben, um das Thema finden zu können*« – für Pfitzner eine Kriegserklärung, denn, wie er im (übrigens unpolemischen) Hauptkapitel III seiner Schrift eingehend ausführt, müsse Keim eines jeden Musikstücks ein musikalischer sein, ein Thema, ein Motiv, eine Melodie, eben ein musikalischer Einfall. Dieser Einfall, ein göttliches und deshalb rational nicht erklärbares Geschenk, bestimme nach eigenen Gesetzen den weiteren Verlauf des Werkes (auch Richard Strauss, Jean Sibelius und Arnold Schönberg hielten den Einfall für den Ausgangspunkt allen Komponierens). Bekkers Ästhetik, aktualisiert in dessen weiterer Schrift »*Die Sinfonie von Beethoven bis Mahler*« (1918)[11] , war für Pfitzner eine Herabwürdigung Beethovens; er witterte, dass Deutschland nach seiner er-

---

[6] Bernhard Adamy (Hans Pfitzner. Tutzing 1980, S. 304/305) zitiert Arthur Schopenhauers Äußerungen über die Juden, die sich Pfitzner in seiner Ausgabe, vermutlich schon in jungen Jahren, mehrfach angestrichen hat. Allerdings weicht seine Haltung verschiedentlich von der Schopenhauers ab.
[7] 1919 erschienen, zitiert nach GS II S. 101-281.
[8] Glosse zum 2. Weltkrieg. GS IV , S. 327 – 343.
[9] Richard Wagner: Das Judenthum in der Musik (1850), zitiert nach Gesammelte Schriften und Dichtungen, Leipzig 1907, Bd.5, S. 66 – 85.
[10] Paul Bekker: Beethoven. Stuttgart u.a. 1911, zahlreiche Auflagen.
[11] Paul Bekker: Die Sinfonie von Beethoven bis Mahler. Berlin 1918., S. 16 /17.

heblichen politischen Reduzierung im Versailler Vertrag nun auch noch um seine Kunst, die Musik, gebracht werden sollte. Auch von Bekker provokativ gemeinte Textstellen wie die folgenden alarmierten Pfitzner aufs Äußerste: *»... dass es zu Beethovens Zeit sicher Musiker zweiten und dritten Grades gegeben hat, die viel schönere und originellere Themen erfunden haben als Beethoven«* und *»Das sinfonische Thema soll also garnicht in erster Linie originell sein – auch die Beethovenschen Sinfoniethemen sind dies keineswegs«.*

Hier sieht Pfitzner sich und seine Kunst unmittelbar bedroht und verliert die Fassung: *»Diesen Satz kann nur ein Mensch zu sagen und zu schreiben wagen, der die »Frankfurter Zeitung« hinter sich und ein deutsches Publikum vor sich hat. Es ist nicht anders: wir sind verkitscht, versaut, versumpft und stecken tief bis über den Hals in Lüge, Dreck und Verwesung! «*[12]. Das ist dick aufgetragen; allerdings war der Zorn über das unwürdige deutsche Verhalten bei Kriegsende und nach Versailles verbreitet; Thomas Mann äußert sich 1918 beifällig (»gut und lebhaft«) zu Pfitzners Bemerkungen *»über die Gründe des Ekels, den Deutschland bei den anderen erregte. Es sei seine ungeheure Kraft, sein hoher Adel, sein tiefer Geist, zusammen mit seinem Mangel an Stolz u. Würde, seiner inneren Schlaffheit, seinem Sich antragen und lakaienhaften Sich anbiedern an jedermann«.* Thomas Mann selbst äußert sich ähnlich: »Die Selbstaufgabe, Reue, Bußfertigkeit <der neuen demokratischen Regierung> ist grenzenlos«[13].

Pfitzner steigert sich am Schluss seiner Schrift in eine zügellose Wut, und man kann sich fragen, über wen sie größer ist: über das »versaute« deutsche Volk oder über die Meinung Bekkers. Er verlangt eine »klare Scheidung der Geister«. Wer aber jetzt eine antisemitische Wendung erwartet, wird enttäuscht: *»Wer ist jetzt noch Deutscher? Der Grenzstrich der Scheidung in Deutschland geht nicht zwischen Jude und Nichtjude, sondern zwischen deutsch-national empfindend und inter-*

---

[12] GS II, S. 243.
[13] Thomas Mann (P. de Mendelssohn (Hg.)): Tagebücher 1918 – 1921, Frankfurt/M. 2003. Eintragungen vom 24. 9. 1918 und 4. 10. 1918.

national empfindend«[14].- Für uns Deutsche ist dies heute nicht mehr verständlich, denn eine solche Position ist nur erklärbar aus einem entschiedenen Nationalbewusstsein heraus und konnte damals davon ausgehen, dass jeder weiß, wie sich nationale Empfindung äußert – eine Vorstellung, die man auch heute noch in den USA, in Frankreich, Polen oder Russland findet, in Deutschland allerdings nur noch schwach bei internationalen Sportereignissen.

Trotz dieser deutlichen Absage an eine antisemitische Position kommt ein antisemitischer Zug ins Spiel. Pfitzner sieht in Bekker, den er als »ein<en> deutsche<n> Mann aus dem Volke, von so scharfem Verstande und reichem Wissen« schätzt[15], einen Repräsentanten der » international-jüdischen Bewegung in der Kunst«. Pfitzner ergänzt sofort: *»Ich sage: international-jüdisch, meine also nicht die Juden, als Individuen. Es ist ein Unterschied zwischen Juden und Judentum«*[16].

Hier setzt das Komplizierte in Pfitzners Haltung zu Juden und Judentum ein. Er trennt zwischen national-denkenden und international-denkenden Deutschen, aber das Internationale erhält, obwohl Nichtjuden dabei sind, den Zusatz »jüdisch« bzw. »Judentum«, und dieses wieder soll unterschieden sein von den individuellen Juden, insbesondere von denen, die national empfinden[17]. Warum führt er hier überhaupt das so negativ konnotierte »Judentum« ein? Und was ist ein »Judentum« ohne Juden? Die Unklarheit führt dazu, dass oberflächliche Zitatensammler Pfitzner leichter »in die Pfanne hauen«, als dass sie versuchen, das Komplexe differenziert zu verstehen. Verständlich wird die Haltung Pfitzners, wenn wir von einer nationalistischen Grundhaltung ausgehen, die sich

---

14 GS II , S. 244.
15 Ausdrücklich weist Pfitzner die Unterstellung zurück, er griffe Bekker als Juden an (Briefe, S. 469 f (1927 an Dr. Fr. St. = Dr. Fritz Stege, nach 1933 u.a. Pressereferent der Reichsmusikkammer und Musikkritiker des »Völkischen Beobachters").
16 GS II , S. 244.
17 Die Unlogik von Unterscheidung und Bezeichnung fällt schon Paul Bekker auf; s. Bernhard Adamy: Hans Pfitzner. S. 306/307.

gegen alles wendet, was geeignet ist, das herausgehobene Deutsche infrage zu stellen. Das ist insbesondere das Internationale, wozu dann auch eine das Nationale gefährdende destruktive Denkweise gehört. Diese schreibt Pfitzner dem internationalen Judentum zu, nicht aber der vermuteten überwiegenden Mehrheit der deutschnationalen Juden. Trennen wir im folgenden Pfitzners Haltung zu Juden von der gegenüber dem Judentum.

Pfitzners Haltung zu den Juden

Zunächst ist festzustellen, dass Pfitzner umgeben war von jüdischen Freunden: sein ältester und einflussreichster Freund Paul Nikolaus Cossmann, geistiger Mentor Pfitzners und Gründer der »Süddeutschen Monatshefte«; sein großzügiger Mäzen, der Berliner Textilkaufmann Willy Levin; sein engster Musikfreund Bruno Walter; sein Vorbild als Dirigent, dem es »um die Sache geht«, Gustav Mahler, dem er die liebevollsten Erinnerungen gewidmet hat; sein Lieblingsschüler Felix Wolfes; der von ihm am höchsten geschätzte Regisseur Otto Erhardt; die Berliner Schriftsteller Arthur Eloesser und Ludwig Jacobowski (von dem er ein Gedicht vertont) etc. Das sind nicht nur einzelne »Konzessionsjuden«, sondern nahezu sein gesamter Umgang bis 1933. Pfitzner hat auch unter den Nazis zu ihnen gestanden und ihnen zu helfen versucht[18]. Im Unterschied zu Wagner, der Mendelssohn, Meyerbeer

---

[18] Briefe : Briefe für Erhardt (10. 9. 32 an Bürgermeister Goerdeler, S. 609), für Wolfes (15. 3. 33 u.a. an Hitler, S. 621), für Cossmann (13. 11. 33 an Hindenburg, S. 641), für Julius Schey (10. 5. 33, S. 625 und 28. 9. 33, S. 637). Ludwig Schrott: Die Persönlichkeit Hans Pfitzners, Zürich 1959, berichtet von weiteren Bemühungen für Arthur Eloesser (S. 63). Bei der Vielzahl dieser jüdischen Freunde ist es eine völlige Verzeichnung, wenn auf Pfitzner die Behauptung angewandt wird, das Eintreten für einen »Ausnahmejuden« sei gerade ein Beweis heftigen Antisemitismus'.(so z.B. Birgit Jürgens: 'Deutsche Musik'- das Verhältnis von Ästhetik und Politik bei Hans Pfitzner. Hildesheim/Zürich/New York 2009, S. 176 – 181, die realitätsfremd beanstandet, dass Pfitzner bei seinem Eintreten den Nazis gegenüber als Antisemit aufgetreten sei. (Ähnlich M. Schwalb: Hans Pfitzner. Regensburg 2016, S. 98. Dazu R. Tybout: Vision und Abgrund. HPGM 76 (2016/17, S. 45 ff) – Pfitzner ist für

und Heinrich Heine wegen ihrer jüdischen Herkunft angriff, findet sich in der großen Zahl der Menschen, gegen die Pfitzner zu Felde zog, kein einziger, den er bekämpfte, bloß weil er Jude war. Im 3. Vorwort (1926)[19] fügt er hinzu, dass keiner seiner jüdischen Freunde sich wegen seiner Äußerungen zum Judentum »von mir entfernt hat«. Sie dachten offensichtlich alle deutschnational wie Pfitzner und fühlten sich nicht getroffen. Schönberg, der bis 1933 ebenfalls national dachte, dürfte die Attacke gegen das Judentum ebenfalls nicht auf sich bezogen haben.

»Den elementaren Unterschied der Rassen zu leugnen und zu tun als ob er nicht da wäre geht natürlich nicht an; aber daß der Jude, wenn er eine ethische Persönlichkeit ist, sich zu besonders reiner menschlicher Höhe zu erheben vermag, sei als persönliche Beobachtung hier ausgesprochen«, schreibt Pfitzner[20]. Er schreibt in einer latent antisemitischen Gesellschaft – deshalb die Betonung jüdischer positiver Möglichkeiten. Da er an der jüdischen Herkunft keinen Anstoß nimmt, kann er auch mit dem gängigen Antisemitismus wenig anfangen; in den Blättern des Vereins zur Abwehr des Antisemitismus schreibt er 1930[21], dass *»Antisemitismus schlechthin und als Haßgefühl durchaus abzulehnen«* ist, und lehnt Deutsche, *»die die Scheidung zwischen ›völkisch‹ und ›jüdisch‹ machen, und nicht zwischen so und so gearteten Juden und so und so gearteten Deutschen«* eindeutig ab. Dann fährt er fort: *»Eine andere Frage ist, welche Gefahren das Judentum für deutsches Geistesleben und deutsche Kultur in sich birgt. Aber solche Gefahren birgt jede Rasse.... für eine Kultur in sich«.* – Der Beitrag ist Pfitzner von den Nazis verschiedentlich vorgehalten

---

Juden eingetreten; hätten es mehr Persönlichkeiten seiner Exponiertheit getan, wären die Nazis vermutlich zurückhaltender in der Verwirklichung ihres mörderischen Antisemitismus vorgegangen).

[19] GS II, S. 109/110.
[20] GS II, S. 110.
[21] Pfitzner, Briefe, S. 520. Der Inhalt wird auch nicht zurückgenommen im späteren Absagebrief v. 19. 4. 1932, in dem aus einem momentanen Ärger über schlechte Kritiken heraus ein »Verein zur Abwehr des Antideutschtums« (d.h. der Pfitzner-Feinde) für notwendiger gehalten wird (Briefe, S. 587); vgl. Busch a.a.O. S. 118 f.

worden[22]. »Antisemit« nennt sich Pfitzner selbst, aber nur dann, wenn er damit bei den Nazis umso wirkungsvoller jüdische Freunde zu unterstützen meinte[23]. Festzuhalten ist: Pfitzner denkt national, aber nicht »völkisch"; die deutschen Juden gehören für ihn zu Deutschland; irgendein Ausschluss der Juden aus Deutschland lag außerhalb seiner Vorstellungen[24].

Anders als Wagner spricht Pfitzner den Juden keineswegs jede künstlerische Fähigkeit ab. In dem bereits erwähnten Text weist er darauf hin, dass die Antisemiten *»sich selbst erst einmal erinnern <sollen>, wieviel Förderndes und Verdienstliches für das geistige Deutschland gebildete Juden schon getan haben«*[25]. Auch unter den Nazis nimmt er den jüdischen Beitrag zur deutschen Kultur in Schutz: Als er gebeten wird, einen Ersatz für die verbotene Sommernachtstraum-Musik Mendelssohns zu komponieren, lehnt er ab mit der Begründung, er *»wäre nie in der Lage, eine bessere Musik zum »Sommernachtstraum" zu schreiben als Mendelssohn"*[26]. Und als er 1941 eine Samm-

---

[22] Sabine Busch: Hans Pfitzner und der Nationalsozialismus. Stuttgart/Weimar, 2001. S. 117.

[23] Pfitzner, Briefe, S. 611 (Brief an Goerdeler für Otto Erhardt); In einem Brief an den (jüdischen) Freund Paul Cossmann v. 1. 1. 1898 sieht Pfitzner sich »zum Antisemiten ausbilden« (wegen der Macht, die jüdische Kreise im Kulturleben Berlins darstellen), fährt aber dann sofort weiter, dass er in einem Konzert des jüdischen Kollegen Anton Beer mitgewirkt habe, dessen Klavierquartett er »sehr gut« findet. Schon hier unterscheidet er also zwischen dem jüdischen Netzwerk einerseits, den einzelnen Juden und ihren künstlerischen Werken andererseits. s. auch R. Tybout, Mitt. der HPG, Heft 76 (2016), S. 36 ff (45 – 50).

[24] »Völkisch" ist eine rassistisch konnotierte Form nationaler Gesinnung, die auf ein rassistisch definiertes in sich geschlossenes »Volkstum" unter Ausschluss allen »Fremdvölkischen" abstellt (s. auch Wikipedia 12.11.2016 zu »völkisch").

[25] Ähnlich Pfitzner im 3. Vorwort (GS II S. 110): »Wem an der Erhaltung europäischer Kultur und nationalen Lebens gelegen ist. der wird dieser Weltbewegung <»der völkerfeindliche Internationalismus«> F e i n d sein, ob Jude oder andersrassiger und -gläubiger. Und daß es...in Deutschland einen großen Prozentsatz von Geistesmännern jeder Art ... gibt, die, obgleich Juden, ein vitales, seelisches höchstpersönliches Interesse an der E r h a l t u n g unserer kulturellen Entwicklung und Wesensart haben, wird niemand leugnen.«

[26] Ludwig Schrott: Die Persönlichkeit Hans Pfitzners, Zürich 1959, S. 13; so auch W. Abendroth: Ich Warne Neugierige. München 1966, S. 199 (Pfitzners Antwort hier: Er »habe nicht die Absicht, sich auf seine alten Tage noch zu blamie-

lung der Texte seiner Lieder als Buch herausbringen will und feststellt, dass eine Buchveröffentlichung nur *ohne* die Gedichte jüdischer Dichter (Heine, Jacobowski, Cossmann) möglich wäre, wählt er den nicht für den Handel bestimmten Druck als Manuskript *mit* den Gedichten[27]. 1940 widmet er seine C-Dur-Sinfonie op. 46 *"An die Freunde"*; wir wissen heute, dass diese Widmung regimekritisch gemeint war und vermuten, dass Pfitzner damit auch seine emigrierten, in der Ferne lebenden jüdischen Freunde meinte[28].

Soweit die Haltung des kontrollierten Pfitzner, die sich seit dem Brief an Cossmann vom 1. 1. 1898 bis 1946 nicht ändert. In der Erregung, vor allem unter gleichgestimmten Freunden, benutzte er zugespitzte Formulierungen in der Annahme, dass der Empfänger ihn schon richtig verstehen werde – so etwa in Briefen die Bezeichnung »Jude« als negative Charakteristik[29], wie es im Übrigen um die Jahrhundertwende, auch in assimilierten Kreisen, nicht unüblich war[30]. Unerfreulich ist die gedankenlose Fortsetzung dieser Redeweise in der verbitterten Cholerik über Benachteiligungen auch noch in der Nachkriegszeit[31]. Allerdings sind dies gegen-

---

ren«). Sabine Busch a.aO., S. 291. Es ist völlig unerheblich, dass eine solche Ablehnung keine Sanktionen der Nazis nach sich zog. Andere Komponisten haben nicht wie Pfitzner reagiert.

[27] Pfitzner: Meine Liedertexte , 1941.

[28] R. Tybout:: 'An die Freunde'. Die Widmung von Hans Pfitzners Sinfonie op. 46. Acta musicologica 74 (2002), S. 195 – 218 (213).

[29] Briefe, S. 467 (»der böhmische Jude Werfel« – 1927); S. 896 (»ein jüdischer Kritiker Herr Einstein« – 1941); S. 974 (»Otto Fürstner (100 % Jude)« – 1946). Manchmal wiegt er das Kränkende durch die Anerkennung ihrer Leistung auf; so Briefe, S. 68 (Antisemit, aber Lob für Beers Klavierquartett – 1889); Sabine Busch, S. 117 (Leo Blech und Oskar Fried sind »üble Juden« aber »können musikalisch viel« – 1937).

[30] So schildern Inge und Walter Jens: Frau Thomas Mann. Reinbek 8./ 2006, S. 32 ff, die ähnliche Verwendung des Wortes »Jude« durch die Kinder Pringsheim; vgl. auch eine Äußerung Thomas Manns gegenüber Bruder Heinrich (1904), ebd. S.34: »Kein Gedanke an Judenthum kommt auf, diesen Leuten <sc. den Pringsheims> gegenüber, man spürt nichts als Kultur«.

[31] Pfitzner erfuhr 1945, dass Fürstner die Verlagsrechte am »Palestrina« und an der Kantate »Von deutscher Seele« an Schott und Litolff verkauft hatte und empfand dies als Verrat (Briefe, S. 974 an Walter Abendroth v. 8. 1. 1946).

über der Gesamthaltung Pfitzners Ausnahmen und sollten bei der Bewertung der Haltung einer Persönlichkeit nicht den Ausschlag geben.

Als Zwischenergebnis ist festzuhalten, dass Pfitzner zum Antisemitismus das eigentlich Konstitutive fehlte: die Antipathie, der Hass gegen die Juden. Der rassische Unterschied interessierte ihn nicht; es kam vielmehr auf die nationale (deutsche) Gesinnung an, die im übrigen Pfitzner nicht dekretierte, sondern von der Gesellschaft vorgegeben war.

Pfitzners Haltung zum »Judentum«

Was aber ist dann das von den individuellen Juden abgehobene »Judentum«? Anders als Wagner sieht Pfitzner im »Judentum« eben nicht die Gesamtheit der Juden, *»Es ist ein Unterschied zwischen Juden und Judentum"*, also etwas Allgemeineres, Abgehobenes: *»eines der schwierigsten Menschheitsprobleme«*, mehr als nur ein Rassen- oder Weltanschauungsproblem[32], eine gefährliche destruktive Geisteshaltung. Ist »Judentum" dann nicht ein falsches Etikett?

Pfitzner gibt uns einen Hinweis durch die Bezugnahme auf Otto Weininger (1880 – 1903), auf dessen 1903 veröffentlichte, damals sensationelle Schrift *»Geschlecht und Charakter«*[33] und auf den aus der Schrift »über die letzten Dinge«[34] zitierten Satz *»Das Judentum ist das böseste überhaupt«* [35]. Die Kürze seiner diesbezüglichen Stichworte lässt darauf schließen, dass er die Schrift für allgemein bekannt

---

[32] GS IV, S. 337.
[33] Otto Weininger: Geschlecht und Charakter. 1903, zitiert nach Kindlers Literaturlexikon; dazu auch Brigitte Hamann: Hitlers Wien. München 2001, S. 325 – 329. Danach hat Weininger Hitlers Haltung gegenüber den Juden stark beeinflusst. S. auch 'Otto Weininger' sowie 'Geschlecht und Charakter' in Wikipedia.
[34] Otto Weininger: Über die letzten Dinge. Wien/Leipzig 1904.
[35] GS II, S. 245. Zu Weininger auch Bernhard Adamy: Hans Pfitzner. Tutzing1980. S. 307; sowie Pfitzner: WW, S. 70; Pantragismus und Pessimismus (1944), GS IV, S. 45 – 53 (46).

halten konnte[36]. Sie dürfte heute tabu sein; Pfitzners Verweise sind aber nicht verständlich ohne ein paar Bemerkungen zum Inhalt.

Weininger (er brachte sich nach der Veröffentlichung im Alter von 23 Jahren um) analysiert mit wissenschaftlichem Anspruch die Charaktere von Mann und Frau, die Frau im Verhältnis zum Mann sehr nachteilig: sie habe weder eine vollentwickelte Seele noch ein intelligibles Ich und könne kein Genie haben. Der Geschlechtsakt sei unmoralisch, und da die Frau stets den Geschlechtsakt anstrebe, sei sie das unmoralische Element schlechthin. Der letztlich stets verantwortliche Mann solle den Geschlechtsakt verweigern, selbst um den Preis des Aussterbens der Menschheit. Dieses letztlich in den Untergang der Menschheit führende Verhältnis von Mann und Frau überträgt Weininger dann auf das Verhältnis zwischen Nichtjudentum und Judentum, wobei letzteres mit der beschriebenen Charakteristik der Frau gleichgesetzt wird. Wie sie sei das global verstandene Judentum das unmoralische Element schlechthin. Auch hier übrigens die Vermischung von Juden und Nichtjuden: zum Judentum Weiningers konnten auch Nichtjuden gehören[37]. Auch bei Weininger ist das »Judentum« weniger die Gesamtheit der Juden, als vielmehr ein intellektuelles Konstrukt. Dies und die analytische, aber ins Nichts führende Denkweise beeinflussten Pfitzners Gedanken zum »Judentum«.

Heute werden solche Gedanken diskussionslos abgelehnt, und das ist gut so. Bis in die zwanziger Jahre wurde das Buch aber als Höhepunkt der seit Mitte des 19. Jahrhunderts geführten Diskussion der Judenfrage breit diskutiert. Weininger wurde zu einem Kronzeugen des Antisemitismus. Pfitzner besaß das Buch; er hat es sicher mit seinem Freund Cossmann, der in seiner Haltung zu Juden mit Pfitzner einig gewesen sein dürfte, diskutiert. Noch 1923 unterhalten sich in einem von Cossmann vermittelten Gespräch Hitler und Pfitzner über Weininger und die Judenfrage. Hitler

---

[36] Hamann a.a.O. S. 328 nennt die Schrift ein »Kultbuch« der damaligen Zeit.
[37] GS IV S. 341.

begrüßte den Selbstmord Weiningers, Pfitzner gab zu bedenken, dass damit auch ein Antisemit weniger lebe; Hitler hatte bereits eine gewaltsame, rassistische Lösung im Kopf, Pfitzner dagegen sah mehr die geistige Auseinandersetzung mit der Weltanschauung (und machte sich damit Hitler zum Feind)[38].

Pfitzner verstand unter dem unmoralischen Element Weiningers vor allem die in Weiningers Ausführungen herrschende Geisteshaltung einer destruktiven Intelligenz und sah sie praktisch schon umgesetzt am Werke, z.B. in dem überproportional mit Juden besetzten Beraterstab Lenins, aber auch in der Redaktion der Frankfurter Zeitung, und nicht nur durch Juden. Bemerkenswert ist seine Feststellung: *»Wenn dies <Weiningersche> Judentum mit der ungesalzenen Einfalt und der geistigen Wehrlosigkeit des deutschen Durchschnittsmichels zusammenkommt, gibt's ein verhängnisvolles Mixtum«*[39]. Pfitzner fühlte sich durch diesen analytischen Intellektualismus, diese »*antimusikalische, materialistische Weltanschauung*«[40] besonders getroffen, weil er fürchtete, dass sie rational die Geheimnisse der Musik aufklären und damit sein Bekenntnis zum Irrationalen der Kunst stürzen wolle. *»In der Musik ist das Wunderbare das Vernünftige«*[41]. Pfitzner legt schon seinem Palestrina die Worte in den Mund: *»Doch des Bewusstseins Licht, das tödlich grelle,/ Das störend aufsteigt wie der freche Tag,/ Ist feind dem süßen Traumgewirk, dem Künsteschaffen«*[42]. Die hier zum Ausdruck kommende Abneigung wider analytische Intelligenz gegenüber unbewusster Inspiration wäre Stoff weiterer Untersuchungen.[43]

---

[38] GS IV S. 340 /341; Ludwig Schrott: Persönlichkeit... S. 61.
[39] GS II, S. 245.
[40] GS IV, S. 269 – 307 (S. 274).
[41] GS IV, S. 269.
[42] Pfitzner, Textbuch zu »Palestrina«, Mainz o.J., Akt I, Szene 5, S. 19.
[43] Z.B. die Auseinandersetzung mit Alban Berg um die Frage, ob Genie durch Analyse nachweisbar ist. GS II S. 189 und 3. Vorwort S. 129/130. Berg: »Die musikalische Impotenz der »Neuen Ästhetik" Hans Pfitzners. In: Willi Reich: Alban Berg. Zürich 1963, S. 194 – 206.

Wenn Pfitzner also in seiner »*Ästhetik*« von »internationalem Judentum« spricht, setzt er die Kenntnis von Weiningers Schriften voraus und kann sich auf Zitate berufen, um die vom so definierten »internationalen Judentum« ausgehende Gefahr für die deutsche Kultur an die Wand zu malen. Seine Ausführungen ergeben erst dann einen Sinn, wenn man an die Stelle des »internationalen Judentums« jeweils »destruktive Intelligenz« oder »materialistische Weltanschauung« einsetzt, die wiederum nicht nur jüdisch sein muss. Aber er nennt es eben »internationales Judentum« und erzeugt so den Eindruck eines begründeten Antisemitismus.

Die sich sofort stellende Frage, wie eine Bekämpfung des so verstandenen »Judentums« als unmoralisches Prinzip, also eine Lösung der so definierten »Judenfrage« ohne gleichzeitige Bekämpfung der Träger dieses Prinzips, der individuellen Juden (und Nichtjuden) vonstattengehen sollte, geht an Pfitzners Logik vorbei. Denn eine von den Juden abgelöste Geisteshaltung (wenn sie auch »Judentum« heißt) würde falsch bekämpft, wenn Juden verfolgt würden. Vielmehr ist es das Denken der international empfindenden Deutschen (Nichtjuden und Juden), das bekämpft werden muss. Pfitzner fordert mit großer Heftigkeit: »*Scheidung der Geister! Damit man weiß, wenigstens im Reiche der Idee weiß, was deutsch und echt ist...*«[44]. Das ist ein Votum für geistige Auseinandersetzung, eine Verlegung der Auseinandersetzung in das Reich der Idee im Sinne der Schopenhauerschen Trennung der Welt in Wille und Vorstellung.

Fassen wir zusammen: Pfitzner sieht 1919 internationale Feindseligkeiten gegen das Deutschtum, damit gegen die deutsche Musik und damit gegen seine Musik (es geht ihm, wie in fast allen seinen Schriften, letztlich immer um seine Musik). Nationalistisch kämpft er gegen das »undeutsche Internationale«, »destruktiv Intellektuelle« und sieht als dessen Kern die Weiningersche Idee des »Weltjudentums« als Geisteshaltung. Möglicherweise hält er diese Auffas-

---

[44] GS II, S. 251.

sung nicht für »Antisemitismus«; objektiv bedient er sich allerdings, indem er das »Judentum« ins Spiel bringt, des herrschenden vorhitlerschen Antisemitismus als negative Verstärkung des deutschfeindlichen Internationalismus. Dies ist eine zwar eigenwillige, aber doch reale Form ideellen Antisemitismus', allerdings ohne den eigentlichen Kern, die rassistische Antipathie, den Hass gegen Juden. Wegen dieser Komplikation und der Verquickung des von Pfitzner nationalistisch abgelehnten Internationalen mit dem Jüdischen bleibt seine Auffassung missverständlich zwischen Ablehnung eines Judenhasses und Bekämpfung des »Judentums« hängen. Die Nazis konnten Ton und Wortwahl auf ihre Mühlen umleiten. Pfitzner trifft wegen der von ihm so heftig angerichteten Unklarheit und Ausbeutbarkeit eine Mitschuld. Nur: eine gezielte Unterstützung des mörderischen Antisemitismus der Nazis war es nicht[45].

»Glosse zum 2. Weltkrieg«

Die zweite hier in Frage kommende Schrift ist die *»Glosse zum 2. Weltkrieg«*. Geschrieben 1945/46 – also, wie die *»Neue Ästhetik«*, wieder im Zeitpunkt deutscher Niederlage –, wurde sie zu Pfitzners Lebzeiten weder veröffentlicht noch verbreitet. Der Text wurde vollständig erst 1987 im Nachtrag der Pfitznerschen Schriften gedruckt[46]. Das Schriftstück ist eines der wenigen umfangreicheren Schriften, das kein Thema aus dem Musikbereich behandelt[47]. In der Skizze geht es Pfitzner nicht um seine Musik, sondern diesmal um ihn selbst, seine eigene Geisteshaltung. Der Zusammenbruch war nicht nur eine existentielle Katastrophe für Deutschland, sondern auch eine geistige für ihn. Einerseits hatte

---

[45] Busch a.a.O. S. 371.
[46] GS IV, S. 327 – 343.
[47] Drei weitere umfangreichere Schriften ohne Musik haben Themen im Zusammenhang mit der Philosophie Schopenhauers zum Inhalt (GS IV, S. 45 – 53; S. 55 – 63; S. 471 – 482).

sein Nationalismus keine reale Basis mehr. Andererseits hatte die Abwehr der negativen «weltanschaulichen" Geisteshaltung des »Judentums«, sich mit dem Massenmord des Holocaust, dessen Umfang Pfitzner allerdings erst später bewusst wurde, erledigt. Zugleich steht er unter seiner Lebensmaxime, sich selbst treu zu bleiben; mit 77 Jahren ändert ohnehin keiner mehr gerne seine erfahrungsgesättigten Überzeugungen.

Die *»Glosse«* ist eine m.E. unfertige Skizze[48]. Aus mehreren Teilen zusammengesetzt, wirkt sie mit ihrer inadäquaten Überschrift, ihren Neuansätzen, Widersprüchen und redundanten Wiederholungen, aber auch in ihrer diskursiven Technik, Hitler erst zu loben und dann zu verurteilen, wie das Fragment einer Klärung durch Selbstgespräch. Pfitzner, der anfänglich Sympathien für die Nazis hatte, will sich im Chaos des Zusammenbruchs über seine nationale Haltung zu Deutschland klar werden. Insofern ist die *»Glosse«* ein Papier, das zwar sein Suchen zu einem bestimmten Zeitpunkt wiedergibt, eine bestimmte Position aber erst in den Äußerungen findet, die Pfitzner zu diesen Themen in Verlautbarungen nach außen gibt, also z.B. im Brief an seinen jüdischen Freund Bruno Walter (5. 10. 1946)[49].

Pfitzner steht gleichsam mit dem Rücken zur Wand. Seine Emotionen drängen seine Argumente immer wieder aus der Bahn und irren auf Seitengebiete ab. Das führt zu einem Wirrwarr an Thesen und Bemerkungen; es fehlt ein stringenter Argumentationsverlauf.. Erschwert wird das Verständnis durch den verbitterten Ton, in dem alles geschrieben ist. Da er sich mit den Nazis auseinandersetzt, benutzt er deren Vokabular. Das gerät aber mit seinen lebenslangen Positionen in Kollision. Das ist für uns heute anstößig zu lesen; die Schrift ist voller Altersstarrsinn, Bitterkeit und Ressentiments und enthält viele Einzelbemerkungen, die heute der

---

[48] Pfitzner hält nur sein Manuskript «Deutschland und die Partei", das er in seine «Glosse" einfügte, für abgeschlossen (s. Briefe an W. Abendroth vom 23./24. 11. 1945, Briefe S. 960 – 963).
[49] Briefe, S. 1021.

political correctness unterfallen und skandalisiert werden können. Pfitzner schreibt aus unmittelbarer Betroffenheit: er erlebte den Rückgang seiner Aufführungen, die Ausbombung seines Hauses, eine Beschießung im Reisezug, die Flucht vor den Russen, den Verlust fast aller seiner Habe und die Unterbringung in einer Notunterkunft am eignen Leib. Zudem ist er stark sehbehindert, und er hat keinen Gesprächspartner »auf Augenhöhe« wie früher Cossmann oder seine erste Frau Mimi; das mag seinen Informationsstand und Gedankengang beeinträchtigt haben.

Wieder ist es eine Verteidigungsschrift. Pfitzner versucht, nationalistisch Deutschland (und damit sich selbst) zu retten. Deutschland ist nicht am 2. Weltkrieg schuld; der Krieg ist schicksalhaft als Folge von Versailles über die Deutschen gekommen. Der Krieg wurde infolge des Größenwahns von Hitler und der Partei verloren, und es wurden auch Grausamkeiten verübt. Pfitzner lehnt eine Kollektivschuld, eine Identifikation des deutschen Volkes mit Hitler ab[50] und beschuldigt Hitler auf der ganzen Linie als Verbrecher[51]. Er bestreitet den Alliierten wegen ihrer Kriegsführung (Bombenkrieg[52], Vergewaltigungen im Osten) das moralische Recht, über Deutschland zu Gericht zu sitzen[53]. Mit dieser Auffassung lag Pfitzner auf der Linie dessen, was damals von der großen Mehrheit gedacht wurde; in einem Punkt schwamm er gegen den Strom: er sieht die Betroffenen des »Offiziersattentats vom 20. Juli 1944« und des »Münchner Studentenputsches 1943« als Opfer des Naziterrors und nicht als Verräter[54], ergreift also auch insofern Partei gegen Hitler.

---

[50] GS IV, S. 330, 333 /334. Die Kollektivschuld war schon damals hoch umstritten; Martin Niemöller z. B. lehnte sie ab, weil sie ein Kollektivgewissen voraussetze, das es nicht gäbe. Dazu Frei a.a.O.,S.159 – 169.
[51] GS IV, S. 330 – 337 pass.
[52] ,GS IV, S. 329, 338, 341
[53] GS IV, S. 335, 341
[54] GS IV, S. 332. Dazu Frei a.a.O. S. 142 – 158 und Antje Vollmer: Doppelleben. Frankfurt/Main, 2010, S. 365 f zur allgemeinen Missachtung der Attentäter vom 20.7.1944 im Deutschland der Nachkriegszeit..

Besonders unverständlich und anstößig sind Pfitzners Meinungen zum Thema Antisemitismus. Unverständlich und anstößig deshalb, weil er davon ausgeht, dass Grausamkeit nach seiner Überzeugung nicht zum intelligiblen Charakter des Deutschen gehört[55] Entsprechend hält er »Gewalthandlungen und Unterdrückungsmethoden" grundsätzlich für »verdammungswürdig"[56]; so nimmt er 1945/46 den deutschen Massenmord an den Juden zunächst für alliierte Gräuelpropaganda. Mit seiner komplizierten Argumentation von 1920 – einerseits kein Hass gegen Juden, andererseits Kampf gegen eine verwirrend definierte Geisteshaltung »Weltjudentum" – versucht er, die Lösung der »Judenfrage" immer noch zu verfolgen, doch entgleitet ihm hier vollends die Argumentation: das von ihm definierte »Weltjudentum" vermischt sich ihm wegen ähnlicher Begriffe mit der »Judenfrage" der Nazis. Während aber die Nazis das Ganze als ein Problem sehen, das sie mit der Ausrottung der Rasse erledigen können, sieht Pfitzner darin noch immer das *»schwierigste aller Menschenprobleme«* [57]. Zwar benennt er zunächst das Rassenproblem – überraschend – denn es spielte für ihn 1920 keine Rolle. Er korrigiert aber immer sofort, indem er mit dem Zusatz: *»aber nicht nur"* seine Definition von 1920 hinzufügt: *»im tiefsten Sinne ist es eine Weltanschauungsfrage«*[58]. Deshalb lehnt er *»die berserkerhafte Plumpheit"*, das *»Proleten- und Kammerjägerhafte"* der Nazi-Lösung rundweg ab[59]: ein Abstraktum – das von

---

[55] GS IV, S. 331, 338. Pfitzner bemüht für seine Aussage Kleists »Michael Kohlhaas«, wo ein rechtschaffener Mann durch ihm angetanes Unrecht zu gewaltsamen Handlungen gedrängt wird, die »seinem angeborenen Charakter nicht angehören« (GS IV, S. 342). Pfitzner hätte fortfahren können, dass Kohlhaas die Todesstrafe – so auch Pfitzner die deutsche Schuld – als gerecht annimmt. Soweit wollte und konnte er nicht gehen.
[56] GS IV, S. 338.
[57] GS IV, S. 337.
[58] GS IV, S. 337, 338, 341. Aus den Textstellen wird besonders deutlich, dass Pfitzner in der »Glosse« seine Gedanken erst beim Schreiben bzw. Diktieren bildet und das unfertige Widersprüchliche (auch zu seiner eigenen früheren Auffassung) stehen lässt .
[59] GS IV, S. 337, 338

Otto Weininger dargestellte destruktive Prinzip – könne man nicht totschlagen[60]. »*Das Judentum ist ein Problem, und es lässt sich weder durch Morde noch durch Bagatellisieren aus der Welt schaffen*«[61]. Vielmehr verlangt Pfitzner – und hier wird deutlich, wie er sich eine Lösung vorstellt – für eine »*Mission, die sich um Menschentum handelt*«, das »*menschliche Empfinden des Mitleids und der Menschenachtung*«[62]. Zu konnotieren wäre »Mitleid« mit seiner Sicht des tragischen Schicksals des umhergetriebenen jüdischen Volkes (Stichwort »Ahasver«), und »Menschenachtung« mit seinem Respekt vor den kulturellen Leistungen der (deutschen) Juden.

Aber was sollten diese Überlegungen noch nach Kriegsende? Was sollten die vielerlei Seitenbemerkungen und Unsinnigkeiten wie etwa die krönende Schlussbemerkung der Schrift, dass es nur eine einzige Kollektivschuld Deutschlands gäbe: »*Die gemütliche Bierruhe bei dem Sturze Bismarcks <ist> seine wirkliche, wahre, einzige große allgemeine Schuld*«[63]. Das und viele Einzelbemerkungen außerhalb der beiden Argumentationsstränge in dieser Schrift entziehen sich jedem Verständnis und damit jeder tragfähigen Bewertung[64]. Die Verbrechen und der Untergang Deutschlands ließen Pfitzner offensichtlich die Orientierung verlieren, und sein Sich treu Bleiben verhinderte einen geistigen Neuanfang. Es hat deshalb auch wenig Sinn, in diesen Behauptungen und Feststellungen nach einer wie immer zu fixierenden (neuen nazistischen) Haltung Pfitzners zu suchen. Die beiden Hauptpunkte – der Nationalismus und, damit verbunden, die fragwürdige Konstruktion eines destruktiven »Weltjudentums" ohne Judenhass – sind dieselben wie 1920. Dass Pfitzner ein Nazi noch nach dem Zusammenbruch und ein »ideo-

---

[60] GS IV, S. 341
[61] GS IV, S. 338
[62] GS IV, S. 341.
[63] GS IV, S. 343.
[64] Ich habe in einer früheren Fassung versucht, auch auf diese Ungereimtheiten einzugehen (Leiden/Boston, 2013, S. 528 ff), nehme hier aber mit Rücksicht auf die bessere Lesbarkeit davon Abstand, weil allenfalls Erregung, aber keine zusätzliche Erkenntnis daraus zu ziehen ist.

logischer Spießgeselle der Mörder" geworden wäre, lässt sich aus der Glosse nicht erschließen [65].

Die Quintessenz dessen, was Pfitzner von alle dem verlautbarte, findet sich 1946 im Briefwechsel mit Bruno Walter. Als dieser ihm mit der Autorität des alten Freundes schreibt, dass *»das Entsetzliche, was geschehen ist, alles übersteigt, was die Phantasie an Grausamkeit ausdenken könnte"*[66] , horcht Pfitzner auf: *»Daß im zweiten Weltkrieg die Greuel in den K. Z.-Lagern keine Märchen, wenigstens zum großen Teil nicht, waren, muß ich, so schmerzlich es mir wird, glauben"*[67]. Freilich rechnet er mit den Bombenangriffen und Vergewaltigungen auf (was in informierten und gebildeten Kreisen damals nicht unüblich war[68]). »Zum großen Teil« ist sein letztes Rückzugsgefecht – er muss die deutschen Verbrechen an den Juden als Geschehen akzeptieren, wenn er auch die grundstürzende Qualität der Judenvernichtung, ihre bewusstseinsverändernde Einzigartigkeit, die wir heute nach einem längeren Bewusstseinsprozess verinnerlicht haben, noch nicht einsehen kann (Eine nachdrückliche Bekanntmachung mit dem Holocaust und eine nachhaltige Bekämpfung des Antisemitismus hat auch in Deutschland und den westlichen Ländern erst Jahre nach Auschwitz, in osteuropäischen Ländern noch später eingesetzt[69]).

Seinen Nationalismus versucht er, gleichsam als Gegengewicht, zu retten. Im Brief an B. Walter verlegt er ihn aus der Realität in das »Reich der Idee« im Sinne Schopenhauers[70]. Dabei erhält er dem deutschen Volk in der platonischen Idee eine Sonderstellung unter den Völkern (*«Kanarienvogel unter Spatzen"* (!!)) und dekretiert,

---

[65] So aber J. M. Fischer (Hans Pfitzner – Komponist von deutscher Seele. In: Merkur, 2008, Heft 4, S. 332).
[66] B. Walter, Briefe (Brief vom 16. 9. 1946), S. 290.
[67] Pfitzner, Briefe (Brief vom 5. 10. 1946), S. 1021.
[68] So z.B. Klaus Harpprecht: Die Gräfin Marion Dönhoff, Reinbek 2008, S. 364 über die Haltung der damaligen ZEIT-Redaktion.
[69] Ein »Holocaust-Bewusstsein« bildete sich in der Bundesrepublik erst mit dem Holocaust-Film 1979 (so Frei a.a.O. S. 52).
[70] So schon angedeutet 1919 in GS II, S. 251.

dass, wer Grausamkeiten kalten Blutes ausübt, kein Deutscher sein kann. »*Ich aber, trotz alledem, bleibe dem Land getreu, dem Lande Luthers, in dem die h-moll-Messe und der »Faust« entstanden sind, das den »Freischütz« und Eichendorff, die »Pastorale« und die »Meistersinger« hervorgebracht, in dem die Vernunftkritiken und die »Welt als Wille und Vorstellung« gedacht worden sind – diesem Land bleibe ich treu bis zu meinem letzten Hauch«.* Diese Form des Eskapismus kann der langjährige Freund angesichts der Judenvernichtung nicht mehr ertragen; er stellt daraufhin betrübt den Briefwechsel ein[71].

Walter hat aber nie aufgehört, den Komponisten Pfitzner zu bewundern[72] – eine vorbildliche Haltung, die derzeitigen moralisierenden Zeitgenossen sehr zu denken geben sollte. Thomas Mann, der diesen Privatbrief an Bruno Walter kannte und sich öffentlich über ihn mokierte, nennt daraufhin Pfitzner »*treudeutsch und bitterböse*«[73]. Lassen wir die Charakteristik so stehen...

Zusammenfassung

Hans Pfitzner ist zunächst und vor allem ein großer Komponist mit der solchen Menschen eigenen Egozentrik, bezogen auf sein Werk und dessen Wiedergabe. Seine Musik hat ihre Wurzeln in der Tradition der deutschen Romantik und gilt bis 1929 als modern.

Pfitzner ist deutscher Patriot, nach dem 1. Weltkrieg Nationalist. Der Nationalist Pfitzner teilt Deutsche in national Empfindende und international Empfindende – er teilt sie nicht in Juden und Nichtjuden. Die Rasse ist ihm nicht wichtig.

Pfitzner hasst keine Juden (ein Großteil seiner Freunde sind Juden) und schätzt ihre Beiträge zur deutschen Kultur. Für ihn sind

---

[71] Bruno Walter: Briefe 1894 – 1962. Frankfurt/Main 1969. Brief v. 4. 11. 1946. S. 291.
[72] Bruno Walter a.a.O. Briefe an Mali Pfitzner und Max Brockhaus vom 26. 5. 1949 (S. 312 – 314); an Mali Pfitzner vom 16. 1.1950 (S. 315 / 316); an W. Kössel vom 11. 10. 1961 (HPGM 69 (2009), S. 49).
[73] Thomas Mann: Glückwunsch an Hermann Hesse. Die Neue Zeitung v. 30. 6. 1947.

deutsche Juden vollwertige Deutsche; für sie setzt er sich auch während der Nazizeit ein.

Pfitzner kämpft nach dem 1. Weltkrieg gegen die Einflussnahme feindlicher, internationaler (deutscher wie jüdischer) Kräfte auf die deutsche Kultur. Diese Kräfte fasst er unter der (sachlich falschen) Bezeichnung »Internationales Judentum" oder »Weltjudentum" zusammen. Möglicherweise übernimmt er den Begriff von dem jüdischen Schriftsteller Otto Weininger, der im Weltjudentum ebenfalls nicht die Zusammenfassung aller Juden, sondern eine destruktive Weltanschauung von Juden (aber auch von Nichtjuden) sah.

Pfitzner lehnte Gewaltanwendung und Grausamkeit gegen Juden ab. Eine Weltanschauung könne man nicht erschlagen, man müsse sich geistig auseinandersetzen.

Pfitzners verfehltes Etikett »Weltjudentum" für bedrohliche internationale Kräfte erweckt bis heute den Eindruck, Pfitzner meine nur Juden und sei aktiver Antisemit gewesen (Die Nazis verwendeten diese Begrifflichkeit in ihrem Sinne). Diese selbst verschuldete Zwielichtigkeit belastet Pfitzners Ruf.

Und die Musik?

Alle berechtigten wie unberechtigten Urteile über Pfitzner laufen darauf hinaus, einen Schatten auch auf seine Musik zu werfen[74]. Schon unter den Nazis wurden die Aufführungen immer seltener, weil seine Musik keine der »anbrechenden Zeit« war; in der Nachkriegszeit wurde sie fast gar nicht gespielt; in den letzten Jahren wird sie wieder zunehmend präsenter im Repertoire. Es ist auffällig, dass sich profilierte jüngere Dirigenten in Deutschland – Christian Thielemann, Ingo Metzmacher, Asher Fish, Simone

---

[74] So B. Jürgens a.a.O.(Fn. 18) schon im Titel. Soweit allerdings Musik im Buch selbst vorkommt, bleiben die Einlassungen dilettantisch (Näheres dazu bei Vogel: Rasterfahndung. Mitt. der H. Pfitzner-Ges. Heft 70 (2010) S. 200 – 211 (208, 210)).

Young, Kirill Petrenko, Stefan Blunier – der Hauptwerke Pfitzners annehmen und ihren Rang als bedeutende Musik zu Gehör zu bringen.

Entsprechend scheint allerdings der Widerstand lautstarker Kreise zu wachsen. Obwohl der Schriftsteller Pfitzner überhaupt nur wahrgenommen wird, weil der Komponist Pfitzner bedeutend ist, beschäftigen sich diese Kreise nicht mit der bedeutenden Musik, sondern drehen jeden Buchstaben seiner letztlich zeitgebundenen Schriften um, um ihn zum Exempel eines Nazikünstlers zu machen, dessen Musik mutmaßlich nationalistisch, antisemitisch oder reaktionär ist. Wo heute in Deutschland Musik von Pfitzner aufgeführt wird, muss sie politisch »begleitet« werden, um zu zeigen, dass der Veranstalter »problembewusst« ist, und um den Zuhörern klar zu machen, dass die Musik von einem Menschen komponiert worden ist, der abscheuliche politische Meinungen vertreten hat[75]. Sehr förderlich ist das nicht für die Aufführungen seiner Musik; freilich zeigt der starke Applaus nach Aufführungen seiner Werke, dass das Publikum sich durch diese Belehrungen nicht irritieren lässt.

Es soll nicht verschwiegen werden, dass Pfitzner in gewisser Weise Recht geschieht: er ist nicht unschuldig an dieser Methode der Kunstvergiftung, wenn er 1920 schreibt[76]: *»Der Sprung 'von der Musik' auf die Politik ist nur ein scheinbarer; ich rede von demselben Dinge; vom nationalen Leben, was für manche Menschen das Leben überhaupt bedeutet. Die künstlerische Verwesung ist das Symptom der nationalen«.* Unter den Nazis wurde diese Vermengung von Politik und Ästhetik ein wesentlicher Pfeiler ihrer Kunstpolitik.

Leider hat sie – mit umgekehrten Vorzeichen – bis heute nicht aufgehört. Verstößt es nicht gegen Grundsätze ästhetischer Kunstbetrachtung, von der Person, von bestimmten Eigenschaften oder politischen Haltungen der Person wertend auf das Werk zu

---

[75] Es ist jene heute verbreitete moralisierende Enthistorisierung, die Frei (a.a.O. S. 25) wahrnimmt.
[76] GS II, S. 245.

schließen ? Die moralische Entrüstung über die Schwächen der Person trägt jedenfalls nichts zum Verständnis der Kunst bei[77]. »*Dergleichen macht Pfitzners Musik natürlich weder besser noch schlechter*«, meint Joachim Kaiser[78]. Und ob Kunst von einem systemkonformen Künstler oder im Widerstand zum System geschaffen worden ist, besagt noch nichts über ihren Wert. Mit seiner Schöpfung entfaltet das Werk sein Eigenleben; man sagt, es sei klüger als sein Schöpfer. Wagners hässliche Judenschrift – kommt sie in seiner Musik zum Ausdruck? Schlägt sich Antisemitismus überhaupt in der Musik nieder? Es wird Zeit, dass wir diese Sippenhaft des Werks für seinen Schöpfer, für seine Zeitumstände – dass wir auch dieses Erbe der Nazis endlich aufarbeiten.

---

[77] J. M. Fischer (a.a.O. S. 332) meint dagegen, dass »der Rang der Musik ... und der aggressive Ressentimentcharakter der Person ... zusammengesehen und ausgehalten werden müssen«. Welchen Erkenntniswert für die Musik verspricht er sich davon? Hört er den »Ressentimentcharakter« in der Musik?

[78] Joachim Kaiser: Von deutscher Seele. Süddeutsche Zeitung v. 13. 3. 2009, S. 11.

Pfitzner und »Polen«-Frank – ein unmoralisches Verhältnis[1]

Hans Pfitzner ist neben Richard Strauss die beherrschende Größe der Musik in den ersten drei Jahrzehnten des 20. Jahrhunderts in Deutschland. Sein Bühnenwerk »Palestrina«, seine beiden Kantaten »Von deutscher Seele« und »Das dunkle Reich«, sein Violinkonzert, seine Kammermusik und seine über 100 Lieder stehen neben den Symphonischen Dichtungen und den Opern Strauss' gleichrangig als Abschluss der deutschen Epoche in der Musikgeschichte[2]. Beide Zeitgenossen ergänzen sich komplementär: Strauss als Künder des Gründerzeit-Optimismus, Pfitzner als leidender Beobachter einer Zeitenwende. Mag auch Affirmatives in der Musik beliebter sein als verunsichert Suchendes, mag der relativ geringe Umfang des pfitznerschen Werkes im Repertoire ein Nachteil gegenüber der Strausssschen Fülle sein – der Hauptgrund, weshalb das Oeuvre Pfitzners von Veranstaltern vernachlässigt und von Künstlern nicht aufgeführt wird, ist die moralische Spruchweisheit, böse Menschen hätten keine Lieder – in Pfitzners Fall, dass eine angebliche Nähe zum Nationalsozialismus und mörderischen Antisemitismus bedeute, dass auch seine Musik verwerflich sei. Selbst wenn einer die Musik schätzt, dann aber meint: *»Der Rang der Musik und der aggressive Ressentimentcharakter der Person mit ihren deutschnationalen Stammtischparolen müssen zusammengesehen und*

---

[1] Zum gleichen Thema Rolf Tybout: Gedanken zur Veröffentlichung von Pfitzners »Krakauer Begrüßung«. HPGM 74, 2014, S. 187 ff.
[2] Zu dieser Selbsteinschätzung s. Hans Pfitzner (1919): Die neue Ästhetik der musikalischen Impotenz. In: GS II. S. 99 ff (S. 235). – R. Strauss (1945): Betrachtungen zu Joseph Gregors »Weltgeschichte des Theaters«. In: Willi Schuh (Hg.): R. Strauss. Betrachtungen und Erinnerungen.. Zürich 1949, S. 173 ff (S. 176 »Ende des »Regenbogens«; S. 181 »Sollte die große deutsche Musik nach 200 Jahren zu Ende sein?«).

ausgehalten werden³«, wirft er die Frage auf, wie das gleichzeitig gehen soll; in jedem Fall schreckt ein solche Postulierung vom Werk ab. Auch wenn moralische Betrachtung von Kunst ästhetisch fragwürdig ist und persönliche Eigenschaften des Schöpfers nach entsprechendem Zeitablauf nur noch Fußnoten wert sind, so ist es doch im Sinne einer lebendigen Rezeption des Werks notwendig, sachliche Missverständnisse und moralische Fehlurteile aus dem gesamten Vorrat an Quellen zu korrigieren – auch auf die Gefahr hin, selbst in die Ecke gestellt zu werden. Ich habe dies, was das Verhältnis Pfitzners zu Juden und Judentum betrifft, versucht[4] und möchte im Folgenden einen ähnlichen anderen brisanten Gegenstand, das Verhältnis Pfitzners zu Dr. jur. Hans Frank, Generalgouverneur im besetzten Polen zwischen 1939 und 1945, bekannt als »Polenschlächter«, zur Diskussion stellen. Auch hier kontaminiert eine mörderische Tätigkeit Franks Pfitzners Person und Werk.

Pfitzner hat Frank auf dessen Einladung hin dreimal – im November 1942 sowie im Juli und November 1944 – als Dirigent in Krakau besucht, ihm eine Komposition gewidmet und ihm, nachdem der 1946 von den Alliierten wegen seiner Verbrechen zum Tode verurteilt worden war, noch ein Trost-Telegramm ins Gefängnis geschickt. Dieses Verhalten wird als Beweis für Pfitzners Sympathie mit dem Nationalsozialismus und seiner mörderischen Politik noch über das Ende der Nazi-Herrschaft hinaus gewertet[5]. Im Folgenden möchte ich die Stichhaltigkeit dieser Auffassungen prüfen.

---

[3] Jens Malte Fischer: Hans Pfitzner- Komponist der deutschen Seele. Merkur, 2008, Heft 4, S. 328 ff (S. 332).
[4] Siehe den Beitrag Hans Pfitzners kompliziertes Verhältnis zu Juden und zum Judentum in diesem Buch.
[5] Statt aller z.B. Birgit Jürgens: »Deutsche Musik« – das Verhältnis von Ästhetik und Politik bei Hans Pfitzner. Hildesheim u.a. 2009, S. 257 ff, 274 ff.

Ausladung und Einladung

Das Verhältnis Pfitzners zu Frank begann mit einem Zusammenstoß. 1933 sollten auf dem Juristentag in Leipzig zwei Werke von Pfitzner, die orchestrierten Eichendorff-Lieder »Zorn« und »Klage«, unter seiner Leitung aufgeführt werden. Kurzfristig – Pfitzner war schon angereist – wurden sie wieder abgesetzt; vielleicht waren die Eichendorff-Texte der Werke mit ihrem Gottesbezug nicht im Sinne der Nazis; möglicherweise zeigte sich hier die Animosität Hitlers gegen Pfitzner, die jener vom ersten (und einzigen) Gespräch 1923 zurückbehalten hatte. Frank, damals bayrischer Justizminister, zeichnete verantwortlich und erhielt einen bitterbösen Brief von Pfitzner, datiert vom 1. 10. 1933, mit der Pointe: *»Wie lange das »Dritte Reich« besteht, weiß man nicht, daß meine Werke bestehen werden gemäß einem ewigen Gesetz, das weiß ich«*[6]. Darauf ließ Frank antworten, dass es ihm nach einem solchen Brief nicht mehr möglich sei, »in irgendeiner Form für Sie einzutreten«[7]

Acht Jahre später, im Herbst 1941, erhält Pfitzner von Frank, nun aufgestiegen zum Generalgouverneur des besetzten Polen, ein Schreiben, in dem ihm angeboten wird, ein Konzert mit der Philharmonie des Generalgouvernements in Krakau zu dirigieren, und eine zu gründende »Hans Pfitzner Hochschule für deutsche Musik« in Krakau lebenslang zu leiten[8]. Die Auseinandersetzung von 1933 hatte Pfitzner nicht vergessen; er lässt sich Zeit mit der Antwort. Erst im Sommer 1942, nachdem er Frank, nun in der Rolle regimekritischen Rechtswahrers kennen gelernt hatte, ist es für ihn *»eine angenehme Aussicht, unsere Bekanntschaft wieder erneuern zu dürfen«.* Zur Gründung der Hochschule kommt es zwar nicht, aber die Einladung zum Dirigieren nimmt Pfitzner an[9]. Dreimal besuchte Pfitzner Krakau: am 5. 11. 1942 dirigiert er drei eigene Werke

---

[6] Briefe, S. 638 f.
[7] Schrott, a.a.O.: S. 52 f.
[8] Briefe. Kommentar, S. 581.
[9] Briefe. Textband. S. 887.

(Käthchen von Heilbronn-Ouvertüre op. 17, Duo für Violine und Violoncello op. 43, Kleine Sinfonie op. 44), Schumanns Rheinische Symphonie und Wagners Tannhäuser-Ouvertüre; am 12. 7. 1944 stehen Werke von Schumann, Weber und Pfitzner auf dem Programm; am 19. 7. 1944 begleitet er außerdem am Klavier einen Liederabend. Am 2. 12. 1944 findet die Uraufführung des Widmungswerkes für Frank, die »Krakauer Begrüßung« op. 54[10] unter Hans Swarowsky statt, wobei Pfitzner ein vom starken Beifall verlangtes Dacapo dirigiert. 1944 wurde Pfitzner jeweils von seiner Frau Mali begleitet. Mindestens im Juli 1944 dauerte der Aufenthalt in Krakau länger als eine Woche.

Franks Aufstieg im »Dritten Reich«

Wer war Hans Frank? Frank war im Oktober 1939, nach der Eroberung Polens, zum Leiter des neugebildeten Generalgouvernements Polen ernannt worden. Er, ein wenig erfolgreicher, ja etwas anrüchiger Rechtsanwalt, war SA-Mann seit 1920, Parteigenosse der ersten Stunde, vertrat Hitler und die NSDAP in ihren politischen Prozessen und machte nach 1933 eine zunächst steile Karriere[11]. Zwar hätte er für sich den Posten eines Reichsministers der Justiz angemessen gefunden, doch wurde er immerhin bayrischer Staatsminister der Justiz und »Reichskommissar für die Gleichschaltung der Justiz in den Ländern und für die Erneuerung der Rechtsordnung«. Nach Ausführung der Gleichschaltung konnte seine Ernennung 1934 zum Reichsminister »ohne Geschäftsbereich« wie eine Abschiebung erscheinen; ohnehin wirkte Frank mit seinem kultivierten Auftreten, seiner Gebildetheit (u.a. sprach er französisch, italienisch und tschechisch) und insbesondere mit

---

[10] Hans Pfitzner (Hg. Peter P. Pachl): Krakauer Begrüßung op. 54 für Orchester. Ries&Erler, Berlin o.J. (2012) mit Vorworten von P.P.Pachl, W. Keller und R. Tybout.
[11] Zu Laufbahn und Charakteristik Franks stütze ich mich auf Dieter Schenk: Hans Frank. Frankfurt/Main, 2006.

seiner kenntnisreichen Musikliebe (er komponierte zeitweilig) fremd innerhalb der grobschlächtigen Naziführer. Er war dennoch seit seiner Begegnung mit Hitler 1920 ein unbedingter Anhänger Hitlers. Umtriebig baute er mit den Möglichkeiten seines Parteiamtes »Reichsrechtsführer« sein Ministeramt zu einer Machtposition aus mit zahllosen Posten in häufig von ihm selbst gegründeten Institutionen im Rechtsbereich. Er spielte in seinen öffentlichen Auftritten und internen Einflussnahmen den Rechtswahrer gegen obrigkeitliche Willkür. Allerdings verstand er unter »Recht« lediglich »Rechtsförmigkeit«, also eine juristische Bemäntelung dessen, was die Nazis verbrachen. Morde sollten nicht gesetzlos stattfinden, sondern unter Beachtung von justiziellen Formvorschriften. Es ging ihm dabei vor allem darum, dass seine jeweilige Machtposition nicht durch Befugnisse anderer Machthaber beeinträchtigt wurde[12]. Das ging Himmler, Goebbels und Hitler auf die Nerven, denn charakteristisch für das von ihnen bevorzugte System war gerade die Ablehnung des Ressortdenkens und die Vermischung der Zuständigkeiten.

So erhielt Frank 1939 ein Amt fürs Grobe und wurde Chef des »Generalgouvernements«, d.h. des Teils von Polen, der nach Annektierung von Gebietsteilen durch Deutschland übrig blieb (ab 1942 auch mit den Teilen, die die Sowjetunion 1939 besetzt hatte). Sein Auftrag war, Polen als Kulturland auszulöschen, die Intelligenz (Wissenschaft, Kunst und Kirche) auszurotten und das Land zu einer Kolonie von Menschen für niedrige Arbeiten zu machen. Frank führte diese mörderische Tätigkeit bis zum Ende des Generalgouvernements aus. Freilich wollte er nicht einfach nur in einer Wüste von Sklaven leben und diese verwalten; im Widerspruch zu seinem Auftrag schuf er in seiner Hauptstadt Krakau einen prunkvollen Hofstaat auf der polnischen Königsburg, dem wohl repräsentativsten Dienstsitz eines Nazi-Satrapen. Frank betätigte sich als Mäzen, leistete sich ein Orchester aus den besten Instrumentalisten

---

[12] D. Schenk, a.a.O. S. 95.

der aufgelösten polnischen Orchester, baute dafür einen Konzertsaal und nahm Kontakt zu den Spitzen des kulturellen Lebens im »Reich« auf. Hohe Gagen und großzügige Unterbringung auf der Burg machten seine Angebote auch für Spitzenkünstler attraktiv; auch ein Richard Strauss, den Frank schon seit 1934 gut kannte, war sich nicht zu schade, in Krakau aufzutreten. Noch 1944 zeigt eine Liste der kulturellen Veranstaltungen in Krakau eine Fülle von Opern-, Theater- und Konzertaufführungen mit Gastspielen z.B. des Burgtheaters, des Gewandhausorchesters und Heinrich Georges[13]. Alles dies aber nicht für die polnischen Einwohner, sondern für Frank, seinen Hofstaat und die ca. 28.000 Deutschen, die in Krakau und Umgebung lebten.

Frank als »Rechtswahrer« und Mäzen

Auch Hans Pfitzner, der im »Reich« nicht so gefördert wurde, wie er erwartet hatte, und 1939 erleben musste, dass sein 70. Geburtstag auf »höhere« Empfehlung nicht offiziell gefeiert wurde[14], erlag den verehrungsvollen Verlockungen Franks. Ausschlaggebend für seine Zusage dürfte aber vor allem die Rede gewesen sein, die Frank auf einer Vortragstournee durch einige Universitäten des Reichs am 20. 7. 1942 an der Universität München hielt und die Pfitzner besuchte: »Das Recht als Grundlage der Volksgemeinschaft«. In ihr wies Frank auf die Notwendigkeit einer europäischen Rechtsordnung hin, betonte die »klare, sachliche und vorteilhafte« Regierung in Polen und wand sich »mit Nachdruck gegen eine wesentlich übersteigerte Kritik an der Arbeit der Juristen«[15]. Denn die Unabhängigkeit des Richters sei eines der ältesten germanischen Kulturgüter; ein Richter könne deshalb keine Gefahr für das Reich sein.

---

[13] D. Schenk, a.a.O. S. 353 f. s. auch S. Busch a.a.O. S. 243 f.
[14] Siehe Busch a.a.O. S. 214 ff und 269 ff; H. Pfitzner: (Meine Stellung im Dritten Reich) GS IV., S. 321 ff.
[15] Briefe. Kommentar. S. 580 f.

Vor allem letzteres wurde im Publikum und von Pfitzner als mutige Kritik an der Nazi-Praxis empfunden; es war bekannt, dass Hitler, Goebbels und Göring nichts von einer verfassten Rechtsordnung hielten. Pfitzner, der eine Neigung hatte, Lebensverhältnisse und Auseinandersetzungen zu rechtsförmigen Memoranden gerinnen zu lassen, schreibt daraufhin dem »hochverehrten Herrn Generalgouverneur« , dass er von dieser Rede »beeindruckt und begeistert« sei[16]. Was er nicht wusste: Frank ging es auch hier nicht um irgendeine Form von Rechtsstaatlichkeit, etwa um mehr Rechtssicherheit für die Bürger allgemein oder gar für die ihm anvertrauten Polen, sondern um die Wahrung seiner Machtbefugnisse gegenüber den willkürlich mordenden SS-Einheiten Himmlers in seinem, Franks, Machtbereich[17]. Pfitzner sah wie vermutlich der Großteil des damaligen Publikums nur die für das Recht eintretende Kritik eines Mächtigen an den anderen Mächtigen und hielt das unter den damaligen Umständen für aufrichtig und mutig (Hitler, Goebbels und Himmler sahen die für sie gefährliche Publikumswirksamkeit, unterbanden weitere Vorträge und entließen Frank aus allen Parteiämtern[18]).

Frank besaß die Gabe, seriös und überzeugend je nach Zweckmäßigkeit die jeweiligen Rollen als Naziführer, als Kämpfer für das Recht, als Mäzen und als Musikkenner zu spielen – eine gefährliche Chamäleonbegabung. Den Künstlern gegenüber zeigte er sich mit »bestechendem Charme«[19] in seiner Rolle als Förderer der Musik; von Musik verstand er etwas, und er fuhr alle Möglichkeiten seiner pompösen Hofhaltung auf, um prominente Künstler anzulocken und zu verwöhnen. Von seinen Tagesgeschäften wird er den Künstlern sicher nichts erzählt haben[20]. Außer mit den gut behandelten polnischen Elite-Instrumentalisten dürften die eingeladenen

---

[16] Briefe. Textband. S. 905 f.
[17] D. Schenk, a.a.O. S. 254 ff.
[18] Siehe Busch a.a.O. S. 248 f
[19] Siehe Busch a.a.O. S. 248
[20] Das vermutet auch S. Busch a.a.O. S. 253.

Künstler auch keine Gelegenheit gehabt haben, mit polnischen Bürgern zu sprechen. Die Zeitungen des Reiches veröffentlichten nur Positives über die Behandlung der besetzten Gebiete. Augenzeugen berichteten später, keiner von ihnen hätte geahnt, dass Frank nachmittags in seiner »Regierung« Abschiebungs- und Liquidationsbefehle unterschrieb, wenn er sich abends ihnen herzlich und sachkundig zuwandte[21]. Ob sich Pfitzner, Richard Strauss, Gerhart Hauptmann oder andere Künstler Gedanken über die Herkunft der überreichlichen Geschenke machten? Es war bekannt, dass alle Nazi-Potentaten ein großspuriges Leben führten und sich teure Vorlieben leisteten. Aber Frank umgab, anders als die anderen Potentaten, außerdem das Flair eines seriösen, kritisch und vor allem rechtsbewusst denkenden Mannes, dem man Ausbeutung oder gar Mordorganisation nicht zutraute..

Strauss schickte Frank ein Lied auf ein eigenes (peinliches) Gedicht an den »Freund«[22], Pfitzner schrieb ihm ein kurzes Orchesterstück, die »Krakauer Begrüßung« op. 54. Bei Beiden darf ausgeschlossen werden, dass damit zugleich ein Einverständnis mit der Polen-Politik signalisiert wurde, die Frank betrieb; beide dürften mit ihr nicht in Berührung gekommen sein. Sie bedankten sich bei einem ihnen wohlgesonnenen Potentaten für Vorteile, die er ihnen gewährte – Pfitzner für »im Reich« entbehrte Meisterverehrung, Aufführungsmöglichkeiten und Lukullisches, Strauss für Vergünstigungen (Einquartierungsbefreiung für sein Garmischer Haus). Dass sie außerdem passiv propagandistisch als »Künder deutschen Volkstums« in den »Nebenländern des Reiches« ausgenutzt wurden, müssen sie gemerkt, aber in Kauf genommen haben. Aktive Nazi-Propaganda in den »Nebenländern« haben sie jedenfalls nicht geleistet.

---

[21] Siehe auch Tybout a.a.O. S. 192 ff.
[22] D. Schenk, a.a.O. S. 350.

Frank als Mäzen Pfitzners

Das Verhältnis Franks zu Pfitzner entsprach Franks Rolle als Mäzen, Musikliebhaber und gnädiger Herrscher. Seine Briefe[23] an den »hochverehrten Meister« bzw. »sehr verehrten Herrn Professor« atmen eine pathetisch gesteigerte Verehrung, später auch freundschaftlich-anteilnehmende Wärme. So schreibt er Pfitzner zum 75. Geburtstag: *»Ihr Name gehört der Unsterblichkeit deutscher Musik an ehrenvollster Stelle an. Die Welt, die Sie in Tönen geformt aus dem tiefsten Bereich deutschen Wesens haben aufsteigen lassen, ist ein unverlierbarer, glückhafter Besitz unserer Nation.... Indem ich mich vor der Größe Ihres Werkes und der eindrucksvollen lauteren Persönlichkeit verneige, überreiche ich Ihnen eine kleine Gabe...«.* Die Gabe war ein umfangreicher Beitrag für eine kleine Festschrift, in der sich Frank u.a. mit Pfitzners Interpretation der »Tannhäuser« – Ouvertüre auseinandersetzt[24].

Frank tut alles, um die Anreise Pfitzners nach Krakau zu erleichtern und beherbergt das Ehepaar in seinem »prachtvollen Heim« – vermutlich in Franks Privatpalais Kressendorf (Krzeszowice). Mali Pfitzner, die im November/Dezember 1944 ihren Mann begleitete, schwärmt von Franks »unwahrscheinlicher Friedensinsel«, einer Abgehobenheit, in der sie als Franks Gäste leben, als sei der Krieg weit weg[25]. Als Frank hört, dass Pfitzners Haus in München von Bomben zerstört worden ist, schreibt er in »tiefem Mitgefühl«: *»Ich bin und bleibe Ihnen vollauf zugetan und möchte gerne, soweit es irgend in meiner Macht steht, Ihnen helfen. Bitte verfügen Sie über mich«.* Und weiter: *»Menschen sind sterblich; aber Ihre Kunst, hochverehrter Meister, ist unsterblich. Das ist die ergreifende Lehre des Schicksals dieser*

---

[23] Briefe. Kommentar. S. 581, 583, 585 ff, 589 f, 592 ff
[24] Briefe. Kommentar. S. 593 ff. Abgedruckt ist hier der in dem von W. Abendroth herausgegebenen Buch »Hans Pfitzner. Ein Bild in Widmungen«, Leipzig 1944, nicht enthaltene Beitrag Franks. Nebenbei: Welcher Potentat oder regierende Politiker schreibt solche Würdigungen? Das war eben Franks Fähigkeit, nach außen zu wirken und so seine Verbrechen zu vertuschen.
[25] Brief Mali Pfitzner vom 30. 11. 1944. (Archiv der Hans Pfitzner-Gesellschaft, Universität Würzburg).

Zeit«[26]. Dieser Brief endet einmal nicht mit »Heil Hitler!«, sondern »Mit freundlichsten Grüßen, stets Ihr F.«. Selbst noch, als das Generalgouvernement von der sowjetischen Armee erobert worden war und Frank 1945 mit einer Restregierung in Neuhaus/Bayern residierte, kümmert sich Frank um Pfitzner. Er schickt ihm einen Zeitungsausschnitt aus der Neuen Zürcher Zeitung mit einer Kritik einer Pfitzner-Aufführung. Und als er hört, dass Pfitzner sich in Garmisch-Partenkirchen den Arm gebrochen hat, sendet er dem »hochverehrten Meister« »meine herzlichsten Wünsche für baldige Genesung... in alter, unbrechbarer Verbundenheit...« und »einige Flaschen Alkohol von dem wenigen, das ich aus Krakau geborgen habe«[27]

Pfitzners Tonfall in seinen Briefen an Frank unterscheidet sich von seinem sonstigen Briefstil; er ist sehr höflich, sehr dankbar, ja fast beflissen. Briefe Franks mit Zusagen sind »gütig«[28], und seine eigene schöne Münchner Villa verkleinert er in Erwartung von Franks Besuch zur »engen« bzw. »niedrigen Hütte«[29]. Als er einen vereinbarten Besuch in Krakau nach seiner Ausbombung 1943 absagen muss, scheint er zu bangen, dass der »hochverehrte Herr General-Gouverneur« ihm die Absage nachtragen könnte und ist überaus dankbar, dass es nicht der Fall war[30]. Verbleibt Pfitzner in den ersten Briefen vor dem ersten Besuch in Krakau noch »mit den ergebensten Grüßen und Heil Hitler verehrungsvollst«[31], lässt er in den weiteren Briefen den »deutschen Gruß« weg und schließt »mit verehrungsvollen und herzlichen Grüßen Ihr stets ergebener« oder »In herzlichster Verehrung grüßt Sie Ihr dankbar ergebe-

---

[26] Briefe. Kommentar. S. 592.
[27] Bernhard Adamy: Hans Pfitzner. Tutzing 1980, S. 337 f.
[28] Briefe. Textband. S. 909.
[29] Briefe. Textband. S. 911.
[30] Briefe. Textband. S. 921 f.
[31] Briefe. Textband. S. 905 f.

ner«[32]. Die Anrede »Freund« benutzt Pfitzner nur einmal, im Trosttelegramm 1946.

Die Beziehung Frank – Pfitzner hat deutliche Züge eines Oben (Frank) und Unten (Pfitzner). Frank war die treibende Kraft, er lud ein, er plante, er bot unwiderstehliche Bedingungen, er besuchte Pfitzner (übrigens auch Richard Strauss) zuhause. Deutlich ist das Bemühen Franks, Pfitzner für sein kulturelles Renommee zu gewinnen (was er als »Verbreitung deutschen Volkstums« feierte), und ebenso deutlich möchte Pfitzner diesen prominenten Verehrer sich erhalten, der zudem etwas von seiner Musik verstand. Soweit man Franks pathetischer Umgangssprache trauen kann, schätzte er Pfitzners Musik wirklich und über sie ihren Schöpfer, und möglicherweise war ihm, Frank, Pfitzner sympathisch; Pfitzner erwidert Franks Anteilnahme an Ausbombung und Armbruch mit einer freundschaftlichen Zuwendung anlässlich der Verurteilung Franks.

Bezeichnend für Frank ist, dass er sich ohne jeden Hauch eines Missfallens die Polonaise im Mittelteil des ihm gewidmeten Orchesterstücks »Krakauer Begrüßung« gefallen lässt, obwohl es für ihn von Amts wegen gar keine polnische Kultur geben darf. War das eine »Huldigung an das polnische Volk«[33]? Jedenfalls erscheint die Polonaise wie eine Erinnerung daran, dass es eine polnische Kultur gibt. Und als man Anfang Dezember 1944 schon Geschützdonner der nahenden Front hört, und Frank in kleinerem Kreise nach der Uraufführung der »Krakauer Begrüßung« zu Pfitzner meint: *»Eigentlich hätten Sie eine Trauermusik für uns schreiben sollen, in a-moll«*, kalauert Pfitzner: *»Nee, in g(eh)- moll«*[34].- Frank lässt hier den baldigen Verlust des Generalgouvernements durchblicken, während er Winifred Wagner noch am 21. 12. 1944 schreibt: »Krakau werden die Russen nie bekommen«[35].

---

[32] Briefe. Textband. S. 909, 918 f,
[33] Adamy, Hans Pfitzner a.a.O., S. 337.
[34] Siehe Bericht des anwesenden Dirigenten Alfred Gillessen in Hans Pfitzner: Briefe. Kommentar. S. 607.
[35] D. Schenk, a.a.O. S. 356.

Nach Kriegsende riss der Kontakt zwischen ihnen ab[36]. Als Pfitzner erfuhr, dass Frank im Nürnberger Kriegsverbrecher-Prozess zum Tode verurteilt worden war, schickte er Frank am 8. 10. 1946 ein Telegramm: *»Lieber Freund Frank, Nehmen Sie diesen herzlichen Gruß als Zeichen der Verbundenheit auch in schwerer Zeit. Stets Ihr Dr. Hans Pfitzner«*[37]. War dies zugleich ein Einverständnis oder gar ein Bekenntnis zu Franks Verbrechen?

Pfitzners Verhältnis zu Frank

Wir wissen nicht, wieviel Pfitzner bis dahin speziell von den verbrecherischen Handlungen Franks erfahren hat und erfahren wollte, denn er lebte zu dieser Zeit wegen seines Augenleidens von der Öffentlichkeit weitgehend abgeschnitten und war auf Vorlesen angewiesen. Immerhin können wir Pfitzners Geisteshaltung zum damaligen Zeitpunkt ableiten aus seinem Brief vom 5. 10. 1946 an Bruno Walter[38]. Darin rechnet er die KZ-Verbrechen (soweit sie ihm bekannt sind) auf gegen die Greuel der Bombenangriffe auf deutsche Städte und die Vergewaltigungen deutscher Frauen durch die Russen und spricht den Alliierten das moralische Recht ab, über Deutsche zu Gericht zu sitzen. Das sind zwar aus heutiger Sicht »deutschnationale Stammtischparolen«, damals waren sie eine nicht nur unter Altnazis verbreitete Meinung[39]. Speziell was Frank betraf: Pfitzner kannte Frank persönlich tatsächlich ganz anders und mag die Verurteilung Franks für »Siegerjustiz« gehalten haben. Möglicherweise war aber für ihn entscheidend, dass er jedes Ab-

---

[36] Adamy: Pfitzner, a.a.O. S. 335 erwähnt (mit Angabe der Signatur im Wiener Nachlass – Fn. 1801), dass Pfitzner unter dem 8. 10. 1946 an Frank auch noch einen Brief geschrieben habe, der aber ungeöffnet zurückgekommen sei. Ein solcher Brief findet sich dort nicht.
[37] Briefe. Textband, S. 1024. Frank, der sich als einziger der Naziprominenz schuldig bekannte, wurde am 10. 10. 1946 gehenkt (S. Busch a.a.O. S. 253).
[38] Briefe. Textband, S. 1020 ff.
[39] Siehe Beitrag Hans Pfitzners kompliziertes Verhältnis zu Juden ... in diesem Buch.

weichen vom Sich Selbst Treu Bleiben als Verrat empfand[40], und den wollte er vor sich selbst nach den erfahrenen Großzügigkeiten nicht begehen. Es gibt keinen Hinweis dafür, dass Pfitzner mit dem Telegramm zugleich ein Einverständnis mit oder gar ein Bekenntnis zu Franks Verbrechen abgegeben hätte. Naheliegend ist vielmehr ein Ausdruck des Dankes und treuen Mitgefühls an den Freund für dessen Förderung.

Pfitzners Verhalten im »Dritten Reich« und speziell zu Frank erklärt sich aus den Verhältnissen, die in der Diktatur unter den Nazis generell und speziell in der zweiten Hälfte des Kriegs 1942 – 1945 herrschten, und es erklärt sich aus Pfitzners eigener Situation als Komponist, Dirigent und Musiker in diesem System. Pfitzner war das Paradebeispiel eines Genies im Schopenhauerschen Sinn und, wie alle bedeutenden schöpferischen Menschen, in hohem Maße egozentrisch mit sich selbst befasst, d.h. mit Komponieren und den Aufführungen seiner Werke. Er war angewiesen auf den Musikapparat (Opernhäuser, Orchester), der in den Händen der Herrschenden lag. Zudem war er lebensängstlich und sicherheitsbedürftig; er fürchtete vor allem nach dem Verlust seiner Professur in München 1935 zu verarmen und kompensierte dies durch eine rastlose Tätigkeit als Dirigent, Pianist und Regisseur. Das machte ihn von den Nazis abhängig.

Pfitzner versuchte, Abstand zu den Nazis zu halten und in grundsätzlichen Dingen gelang ihm das auch. Da er keine Musik der »anbrechenden Zeit« (keine »Pimpfonien in Bal-dur«[41]) produzierte, seine Musik vielmehr den dunklen Seiten des Seins zugewandt und im Alter zeitgeistfern war, sah das Regime keinen Grund, sein Werk zu fördern. In die Partei trat er nicht ein, und

---

[40] Z.B. Hans Pfitzner: Eindrücke und Bilder meines Lebens. In GS IV, S. 556 ff (Übertritt des Freundes Paul Cossmann vom Judentum zum Katholizismus S, 594 ff) und Briefe. Textband S. 405 f (Brief Pfitzners vom 18. 6. 1925 an Th. Mann zu dessen Wendung vom Monarchisten zum Republikaner).

[41] Kalauer Pfitzners zur Nazimusik. Baldur von Schirach war Führer der Hitlerjugend, deren unterste Altersstufe die Pimpfe waren.

Ergebenheitsadressen an Hitler unterschrieb er nach 1935 nicht mehr[42]. Zwar erhielt er Ehrungen und Geldpreise, aber das, was ihn am meisten interessierte: Aufführungen seiner Opern, ging während der Nazizeit deutlich zurück. Auswandern kam für ihn nicht infrage: zum einen war er in seiner deutschnationalen Haltung nicht weltläufig, zum anderen war er als Komponist im Ausland kaum bekannt. So musste er mit den Nazis zurechtkommen, er diente sich gelegentlich an und nahm in Kauf, dass er von den Nazis (die sonst wenig mit ihm anfangen konnten) als nationales Aushängeschild in den besetzten Gebieten missbraucht wurde. So gibt es von ihm trotz des mitunter aggressiven Tonfalls[43] wohl Äußerungen nationalistischer Zustimmung für die Wiederherstellung des Deutschen Reiches nach Versailles, aber keine für die Gewalttätigkeiten und die Judenvernichtung der Nazis.

Auf diesem Hintergrund zeichnet sich Pfitzners Verhältnis zu Frank ab. Franks Tätigkeit im Generalgouvernement interessierte Pfitzner nur in dem Maße, wie sie seine Sphäre betraf, also gute Aufführungen seiner Werke und Ehrerbietung gegenüber seinem Genie. Das genau tat Frank: Nach allem, was wir über das Verhältnis beider zueinander wissen, behelligte Frank mit seiner politischen Einstellung und Tätigkeit Pfitzner nicht – offenbar genügte ihm die nationale Einstellung Pfitzners – und politische Bekenntnisse verlangte er nicht. Vielmehr verehrte und verwöhnte er den Dichter/Komponisten des »Palestrina«, bot ihm ein qualifiziertes musikalisches Betätigungsfeld und entlohnte Dirigieren und Werkwidmung fürstlich. Und er verhielt sich dabei mit seiner Pfitzner zugewandten Seite so überzeugend, später auch tatsächlich

---

[42] Siehe z.B. seine Schreiben an Max Amann ca. 1940 und Anfang 1944 (Briefe. Textband. S. 852 und 922), das erste mit klarer Begründung, dass er sich nicht bedanken müsse, weil sein Werk den Führer nicht interessiere und nicht gefördert werde.

[43] Besonders in der Auseinandersetzung mit Julius Bahle, der das Herzstück der Ästhetik Pfitzners, seine Einfallslehre, bezweifelte und damit Pfitzner in Angst versetzte, dass ihm der Boden seines Komponierens entzogen werden sollte (GS IV, Über musikalische Inspiration (1940), S. 269 ff).

warmherzig, dass Pfitzner in ihm nicht nur den Mäzen, sondern auch einen Freund sah. Vermutlich hätte kein damaliger Komponist eine Einladung Franks ausgeschlagen oder sie zwar angenommen, aber dann Frank zur Rede über seine Polenpolitik gestellt.

Zusammenfassung

Pfitzner war kein Nazi, und er hat keine Juden gehasst. Er dachte national, aber nicht völkisch. Er hat Franks Einladungen und Geschenke angenommen, keine Fragen nach dem Schicksal der Polen gestellt und ein Trost-Telegramm an den zum Tode Verurteilten geschickt. Er litt unter teilweise eingebildeten Zurücksetzungen und kompensierte sie durch einen übersteigerten Glauben an eine herausgehobene Idee des Deutschen.

Er war ein nonkonformistischer und vielfach anstößiger Mensch; andere Komponisten waren liebenswerter und hatten weniger erklärungsbedürftige Auffassungen. Aber: Er hat den »Palestrina« geschrieben[44]. Pfitzners Charakter auf sein kompositorisches Werk zu übertragen oder »mit ihm zusammenzusehen«[45], ist Sippenhaft im schlechtesten Sinne. Denn so wie Kinder sich gegenüber ihren Eltern verselbständigen und für deren Eigenschaften nicht zur Verantwortung gezogen werden können, verselbständigen sich Kunstwerke gegenüber ihrem Schöpfer und können verlangen, aus sich heraus beurteilt zu werden. Sollen ausgerechnet Pfitzners bedeutende Kompositionen unter der moralischen Entrüstung über den schwierigen Charakter ihres Schöpfers leiden müssen?

---

[44] Mit einer ähnlichen Wendung hat Marcel Reich-Ranicki mit Recht auf Vorwürfe gegen den sich ungleich stärker antisemitisch äußernden Richard Wagner reagiert : «...aber er hat den »Tristan« geschrieben«.
[45] Siehe Fußnote 3.

Opera in tempore belli: die Hundertmark-Chöre und die »Krakauer Begrüßung«

1944, in der zweiten Hälfte des vorletzten Kriegsjahrs, komponierte Hans Pfitzner dicht hintereinander zwei Werke, die in jeder Hinsicht unterschiedlicher nicht hätten sein können: die drei Gesänge für Männerchor mit kleinem Orchester nach Gedichten von Werner Hundertmark op. 53 und ein kurzes Präludium für großes Orchester »Krakauer Begrüßung« op. 54. Die Gedichte Hundertmarks beschreiben den Wandel im Lebensbewusstsein der Generation, die im Krieg untergeht; die in ihnen ausgedrückte Resignation, das Bewusstsein des unentrinnbar Sinnlosen sind das Gegenteil dessen, was die vorgeschriebene Haltung für den »Endsieg« war.- Das Orchesterstück dagegen, komponiert für den Chef des damaligen Generalgouvernements auf polnischem Boden, Hans Frank, ist einem Mann gewidmet[1], der als »Polenschlächter« in die Geschichte eingegangen ist[2]. Zwei Werke, mit denen Pfitzner ausnahmsweise auf die realen Lebensverhältnisse reagiert, hier auf die Verhältnisse der Endkriegszeit. Die alliierten Truppen nähern sich unaufhaltsam den deutschen Grenzen, die deutschen Städte versinken in Schutt und Asche und die Zivilbevölkerung im Osten beginnt zu fliehen; gleichwohl genießen die Nazi-Satrapen ihren prunkhaften Lebensstil in aufgesetztem Optimismus bis zur letzten Minute, während die deutschen Soldaten an der Front aussichtslos ihr Leben riskieren.

Beide Werke (es sind die einzigen, die Pfitzner 1944 komponiert) werden schon bald uraufgeführt – die Chöre am 12. 11. 1944 in Wien unter Karl Böhm (mit Übertragung im Reichssender am 2. 1. 1945), das Orchesterstück am 2. 12. 1944 in Krakau unter Hans Swarowsky (im Reichssender am 5. 12. 1944); beide sind bis heute kaum oder gar nicht mehr erklungen. Die Chöre – gedruckt

---

[1] Siehe Brief an Walter Abendroth vom 16. 12. 1944 (Briefe., S. 943).
[2] Siehe Dieter Schenk: Hans Frank. Frankfurt/M., 2006.

2001[3] – sind unbekannt geblieben, das Orchesterstück geisterte bis zum Erscheinen der Partitur 2013[4] in Mutmaßungen über seinen möglichen nationalsozialistischen Inhalt durch die einschlägigen Diskussionen. Grund genug, beide Werke vorzustellen und zu prüfen, ob und gegebenenfalls welche politische Haltung Pfitzners sich in ihnen spiegelt.

Die Hundertmark-Gesänge

Den drei Männerchören op. 53 liegen Gedichte Werner Hundertmarks (geboren 24. 7. 1909 – gefallen 7. 2. 1945) zugrunde, die Pfitzner aus dem Gedichtband *»Und als durch Korn und Mohn die Sense strich«* (erschienen 1943)[5] ausgewählt hatte. Pfitzner klassifiziert sie als *»schöne!«*[6] Gedichte.

I. Seliger Sommer.
Schenkt dir der Sommer doch/ selige Stunden;
zögerst du lange noch,/ sind sie verschwunden.

Noch ist das Korn wie Gold,/ schimmernd die Ferne;
noch ist der Tag dir hold,/ schmückte dich gerne.

Noch lockt der gleißende Strom,/ ruft dich zum Leben;
noch blüht trunken der Mohn;/ alles ist Geben.

Brich, was am Weg dir gefällt,/ nimm von den Lilien am Hang,
und was der Tag dir bestellt/ im Überschwang.

---

[3] Drei Gesänge für Männerchor mit Begleitung eines kleinen Orchesters nach Gedichten von Werner Hundertmark. op. 53. Partitur und Klavierauszug (Pfitzner). Oertel, München, 2001.
[4] Krakauer Begrüßung op. 54 für Orchester. Hg. Peter P. Pachl. Ries und Erler, Berlin 2013.
[5] Werner Hundertmark: Und als durch Korn und Mohn die Sense strich. Hamburg 1943.
[6] Brief Pfitzners an Josef Klefisch vom 14.9.1944 (Briefe., S. 938).

II. Wandlung.
Gewichtlos lebten wir, und wie ein Kahn
auf sanften Wellen trieben wir dahin,
dem Traum verloren und dem weißen Schwan,
der Schönheit hingegeben und dem Tag.
Wie schien uns allen Seins geheimer Sinn
Ein Satz der Sphinx, der jedem offen lag!

Wir rätselten nicht lang und sprachen aus
und glaubten an das Wort, wo es erklang:
Im Reich der Winde waren wir zu Haus.
In jeder Stimme hörten wir Gesang,
im Sturm der Brandung grüßten wir das Leben,
das, rauschend, tief in unsre Seele drang.

Da ward ein neuer Ton uns offenbar;
die Feste unsres Seins schien zu erbeben:
der Sinn des Spiels hieß »Tod«, der Weg »Gefahr«!

Der Tod ging uns vorbei, die Zeit verrann –
Kein Rausch, kein Wort ist not uns zu erheben,
Und still und klar seh'n wir die Dinge an.

III. Soldatenlied.
O falle, Schnee, o falle / versöhnend auf dies Land.
Wir alle sind, wir alle, / zu diesem Krieg erkannt.

Erglüht zu welchen Taten? / Erblüht zu welchem Schmerz?
Erfroren uns're Saaten, / versteinert unser Herz.

verloren uns're Tage / und aller Tröstung leer;
wir haben keine Klage / und auch kein Lachen mehr.

Und geht die Wacht zu Ende / allein in banger Nacht -
wie leicht ist dein »Vollende«; / wie bald dein Grab gemacht.

Eine kaum noch verschlüsselte, bittere Rückschau einer Generation, die erkennt, dass sie leichtlebig den Parolen (der Nazis) getraut hat, verführt worden ist und nun – wozu? – zugrunde geht. Erstaunlich, dass das noch 1943 in Deutschland gedruckt, Mitte November 1944 in Pfitzners Vertonung prominent unter Karl Böhm in Wien uraufgeführt und am 2.1.1945 im Reichssender übertragen werden konnte. Welcher damals in Deutschland lebende Komponist hat gewagt, so etwas zu vertonen?

Das Werk ist zyklisch beabsichtigt, jedoch nicht motivisch verklammert. Es dauert etwa 10 bis 12 Minuten; erforderlich sind ein (kleiner) vierstimmiger Männerchor und ein Kammerorchester mit Streichern, zweifachen Flöten, Klarinetten, Fagotten und Hörnern, sowie einer Bassposaune und Pauken, die nur im zweiten Gesang eingesetzt werden. Das Werk hat kammermusikalischen Charakter; es entspricht in seiner delikaten Harmonik, seiner transparenten Instrumentation und in der präzisen Deklamation dem Pfitznerschen Alterswerk in seiner besten Form[7]. Die traditionellen Chiffren werden originell eingesetzt. Auf den ersten Blick auffällig ist die Verminderung der Stimmen des Chors: Nach dem ersten vierstimmig gesetzten Gesang ist der zweite nur zwei- bis dreistimmig, der dritte fast völlig zweistimmig unisono besetzt – eine Abfolge von heiterer Fülle zu trauernder Schlichtheit.

»Seliger Sommer« könnte gedeutet werden als ein »Carpe diem« für einen unmittelbar bevorstehenden (letzten) Sommer, soweit er

---

[7] Zum Altersstil Pfitzners s. Bruno Walter, Briefe 1894 – 1962. Frankfurt/M. 1969. Brief vom 16. 1. 1950 an Mali Pfitzner: *»Ich habe <die letzten Werke> studiert...und mich wieder dem Eindruck hingegeben, der... ein tiefer und ergreifender war....Es ist eine Stille, fast möchte ich sagen, eine betonte Stille in ihnen,... die mir neu war. Daß ich die alte Meisterschaft in Führung und Gestaltung auch in diesen Werken wiederfand, brauche ich kaum zu erwähnen. Kurz, ich bewundere diesen neuen Stil... Lassen Sie mich noch sagen,, als wie besonders rührend ich es empfinde, daß angesichts des fürchterlichen Erlebens der Freund eine Musik solcher Stille und inniger Schönheit schreiben konnte«.*

»doch« selige Stunden bringt; Pfitzner interpretiert das Gedicht als Rückblick, betont dadurch, dass er die erste Strophe (4/4, G-Dur, Langsam) am Schluss noch einmal, und zusätzlich das »zögerst du lange noch« wiederholt. Die den Chorsatz wie Girlanden überglänzenden großbogigen Klarinetten- und Flötenstimmen, der leise Walzerrhythmus der 2. – 4. Strophe (¾, E-Dur, dann D-Dur), die hellen Tonarten G-Dur, E-Dur und D-Dur suggerieren eine fast südliche Serenität, die delikaten Tonartübergänge von G nach E, E nach D und D nach G rücken diese Heiterkeit gleichsam immer weiter in die Ferne. Mit der Wiederholung der 1. Strophe am Schluss erscheint das Gehörte abgeschlossen. Das Thema der Wiederholung wird, anders als am Anfang, pizzicato begleitet; statt der Klarinette übernimmt die 1. Violine die Überwölbung, und das aufsteigende Solo der Klarinette im 1. Takt wird beantwortet vom aufsteigenden Solo des Violoncellos im letzten Takt; was heiter begann, endet ernst.

Das Gedicht »Wandlung« drückt den Moment aus, in dem das »gewichtlose« Leben der Vorkriegszeit und die Abenteuerlust »im Sturm der Brandung«, der ersten Kriegszeit, auf die Erkenntnis stößt, dass »der Sinn des Spiels Tod« heißt; von nun an sehen sich alle Dinge »still und klar«, sehr nüchtern existentiell an.- Pfitzner deutet dies (Leicht bewegt, 6/8, tonal ungebunden// Etwas langsamer, 4/4, Es-Dur) in der Weise, dass er entsprechend einem »leicht bewegten« 6/8- Abschnitt ohne bestimmte Tonart (Strophen 1 und 2) einen »etwas langsameren«, gewichtigen (4/4) Abschnitt in Es-Dur (Strophen 3 und 4) folgen lässt. Der Gesang ist durchkomponiert. Der Bewegungsteil steigert sich, angetrieben von einer Spielfigur, die in ständig wechselnder harmonischer Beleuchtung und vollerem Orchestersatz aus der Tiefe in die Höhe strebt, bis zum Höhepunkt des »rauschenden Lebens« (es-Moll, ff, T. D+3). Nach seinem Ausklingen geben Posaune und Pauke mit einem charakteristischen Motiv (»Todesmotiv«) den »neuen Ton« an (E). In die 6/8-Bewegung führt Pfitzner von Anfang an in steigendem Maße Quartolen ein – zunächst angeregt durch die präzise

Deklamation (T. 3, A+6 etc.), dann aber auch in einem melodischen Bogen, der den Höhepunkt überwölbt (ab C) und den 4/4-Takt des 2. Abschnitts vorbereitet. Für Pfitzner ist die Wandlung kein plötzlicher Einbruch, sondern von vornherein angelegt; sie entfaltet allerdings mit dem Einsatz der Posaune erst ihre volle Wirkung.. Auf das »Todesmotiv« antwortet der Chor nur noch rezitativisch (E+3); erst zum Schluss (G-2) wird (»und still und klar...«) noch einmal melodisch das Anfangsmotiv des 1. Abschnitts in augmentierter Form aufgenommen. Beziehungsvoll wird es auch von der Posaune unterlegt- der Tod singt mit. Zugleich unterstreicht Pfitzner das Verrinnen der Zeit mit einer Pendelbewegung, wie er sie auch in seinen Liedern »Der verspätete Wanderer« op. 41,2 und »Das Alter« op. 41,3 für den Zeitablauf vor dem Ende verwendet hat. Zum Schluss zerfallen Anfangs- und Todesmotiv im pp.

Das »Soldatenlied« (Langsam (moderato), durchaus leise, 4/4, f-Moll) schließt in seiner unsentimentalen Erwartung des unentrinnbaren Endes an den vorangehenden Gesang an. Pfitzner reduziert die Chorstimmen auf zwei, die unisono in Oktaven geführt werden; nur bei der Vertonung des Wortes »Vollende« (D+4) ist Vierstimmigkeit und forte vorgesehen. Diese Schlichtheit besteht auf allen Ebenen: Formal (dreiteilige Liedform entsprechend den Gedichtstrophen 1 – 2/3 – 4), sowie melodisch und harmonisch (man assoziiert etwa Schuberts »Wegweiser« aus der »Winterreise«). Auch die Begleitung: Sie besteht aus einfachen, sich in jedem Takt wiederholenden aufsteigenden Tonstufen. Beides behandelt Pfitzner aber differenziert: Die Melodik verläuft auf je zwei Zeilen des Gedichts zunächst bis zum Ende der 3. Gedichtstrophe in Perioden zu vier Takten, jeweils zusätzlich mit einem verzögernden Zwischentakt; am Ende der 6. Zeile (»... und auch kein Lachen mehr«)- erfolgt durch Verlängerung der Periode um drei Takte eine Zäsur; Pfitzner hebt damit die letzte Strophe hervor; die Reprise bleibt ohne Zwischentakt (»... wie bald dein Grab gemacht«). Subtil betont Pfitzner die Endgültigkeit des gemachten Grabes: er verzögert die Worte »Grab gemacht« bis in den Anfang der Repetition der Melodie im Orchester, sodass sie umso entschiedener wirken (D+6).- Die Begleitung – zunächst sechs aufsteigende Achtel pro Takt – verringert sich mit jeder Gedichtstrophe um ein Achtel, bis sie in der letzten Strophe ganz verschwindet: die Energie ist verbraucht. Im Nachspiel (D+6 bis 12) spielt sich diese Verminderung noch einmal binnen sieben Takten ab – wie ein Uhrwerk, das, noch einmal geschüttelt, schnell abläuft.

Pfitzner setzt also in diesem Werk die konservativen Mittel seines eher spröden Altersstils für eine aktuelle, im Gegensatz zur Nazipropaganda stehende Aussage ein in Gedichten, deren Pathos und Sprache ebenfalls unsentimental zurückgenommen sind. Zugleich erheben die eingesetzten Chiffren der Musiktradition das Werk über den Anlass hinaus zu einer allgemein gültigen Aussage gegen den Krieg. Pfitzner war bewusst, was er mit der Komposition ausdrücken wollte, und er wollte ein aktuelles Werk vorlegen[8]. Im Schreiben an seinen Verleger Oertel vom 26.9.1944[9] betont er die Reihenfolge der Gesänge vom »*Freundlichsten*« zum »*Traurigsten*«; aus »*künstlerischen Gesichtspunkten*« sei es so notwendig, und er erläutert die Stimmung:

»*Der »selige Sommer« ist s[o] z[u] s [agen] der letzte Friedenssommer, dann kommt die große Wandlung– der »neue Ton« – der Krieg, wird uns da offenbar; und die Kriegsstimmung, die wahre, echte, allgemeine wird im letzten: »o falle Schnee, o falle« zum tönenden Ausdruck. So bilden diese drei ein Ganzes, und ich möchte nicht, daß bei dem öffentlichen Vortrag auf die letzte Stimmung noch eine andere folgt; das könnte dem Ernst des Ganzen nur schaden«.* Und in einem Postskript fügt Pfitzner hinzu: »*Ich wäre sehr einverstanden, wenn die Ur-Aufführung in Berlin (Reichssend[er]?) stattfinden würde, aber das müßte bald sein, ich glaube, die Lieder würden gerade jetzt sehr wirken, man würde die Stimmungen miterleben, sie geben, glaube ich, der*

---

[8] »*Die Chöre sind schlicht und einfach, aber merkwürdig 'aktuell' und wirkungsvoll*«. Pfitzner in Brief an Walter Abendroth vom 16. 12. 1944 (Briefe, S. 943).

[9] Abgedruckt in Pfitzner: Drei Männerchöre op. 53, Oertel, München.

allgemeinen Stimmung Ausdruck«.[10] In einem Brief an Alfred Morgenroth ist er freilich in der Einschätzung zurückhaltender *»... ich selber schätze sie [die Chöre] ja nicht voll ein, es sind halt Kriegslieder ...«*[11]

Bei der Uraufführung hatte das Werk nach Pfitzners Mitteilung[12] *»einen wirklich ganz großen Erfolg«*, das Soldatenlied musste wiederholt werden; *»ich habe mich nicht getäuscht, daß gerade dieses ernste, traurige Lied in Wort und Ton eine Stimmung wiedergibt, die heute sehr viele Menschen erleben, und die entsprechenden Widerhall finden muß«*. In der Stimmung irrte er sicher nicht, aber offenbar war ihm nicht bewusst, dass er mit der Verbreitung dieser Stimmung sich im Gegensatz zu den offiziellen Durchhalteparolen der Endkriegszeit befand und dass gerade in dieser Zeit viele Menschen inhaftiert und zum Tode verurteilt wurden, weil sie den »Endsieg« nicht für möglich hielten. Pfitzner war politisch naiv; das zeigte sich auch darin, dass er seinem Verleger vorschlug, das Werk als »kriegswichtig« genehmigen zu lassen, um in einem Zeitpunkt totaler Rekrutierung und Bewirtschaftung Aufführungen und Drucklegung durchzusetzen.[13]

Was hat Pfitzner dazu veranlasst, in dieser Weise aus der Abgehobenheit seines Alterswerks herauszutreten? Weder von einem Besteller noch von einer Widmung der Gesänge ist etwas bekannt, auch wissen wir nicht, wie Pfitzner an die Gedichte herangekommen ist.[14] – Entscheidend ist, dass das Werk eine künstlerisch hochwertige Äußerung Pfitzners mit ihrem unverhohlenen Bekenntnis zur Sinn- und Aussichtslosigkeit des 2. Weltkrieges und

---

[10] Dieser Teil nicht abgedruckt in Pfitzner op. 53. Archiv des Oertel-Verlags.

[11] Brief vom 21.10.1944 in Adamy: Briefe, S. 940. Die »nicht volle« Einschätzung pflegte Pfitzner gegenüber seinem gesamten Alterswerk. In einem weiteren Brief (an Helmut Grohe, vom 6. 11. 1944, Adamy, S. 941) freut sich Pfitzner »wirklich aufrichtig« darüber, dass dem Freund die Lieder gefallen.

[12] Schreiben Pfitzners an den Verleger Oertel vom 22. 11. 1944. Archiv des Oertel-Verlags.

[13] Brief an Oertel vom 26.9.1944. Archiv des Oertel-Verlags.

[14] W. Abendroth, Musikkritiker und Schriftleiter, hat Pfitzner öfter Literatur oder Literaturhinweise geschickt, z.B. für Opernpläne (Vogel: Hans Pfitzner. Zürich/ Mainz 1999, S. 177; Brief Pfitzners an Abendroth vom 29.3.1940 (Briefe, S. 856)); von ihm könnte auch der Hinweis auf Hundertmark stammen.

des Krieges überhaupt ist und dem Bild Pfitzners eine wichtige Komponente hinzufügt.

Die »Krakauer Begrüßung«

Das Orchesterstück »Krakauer Begrüßung« dauert etwa sechs Minuten; seine Kürze steht im Gegensatz zur großen Besetzung des Orchesters, u.a. drei Klarinetten, vier Hörnern, drei Posaunen und Basstuba, Pauken, Becken und Triangel – von vornherein bemessen als Intrada, als Eingangsstück eines symphonischen Programms.-
Im Gegensatz zur Kürze (114 Takte) steht auch die Kleinteiligkeit der Form, die allerdings ein generelles Merkmal des Pfitznerschen Alterswerks ist. Ein erster Abschnitt (T. 1 – 27) besteht aus einem »Motto«, einem Fanfarenthema, einem lyrischen Seitenthema und einer Variante des Fanfarenthemas (»Festlich, Maestoso«, 4/4, B-Dur); es folgt ein zweiter Abschnitt (T. 28 – 45), in dem das melodisch fallende Motto mit seiner aufsteigenden Spiegelung spielt und die folgende Polonaise melodisch vorbereitet. Der dritte Abschnitt (T. 46 – 61, »gemäßigtes Polonaisentempo«, ¾, d-Moll) ist die Polonaise, deren erste zehn Takte durch Doppelstrich wiederholt werden. Im vierten Abschnitt (T. 62 – 98, Tempo I, 4/4, B-Dur, »Reprise«) wird der erste Abschnitt nahezu unverändert wiederholt, und im fünften Abschnitt (T. 99 – 114, »Coda«) tritt eine Variante des Seitenthemas und ein Ansatz des Fanfarenthemas auf. Die Abschnitte und Themen sind instrumental gegeneinander abgegrenzt: Das Motto wird von den Solotrompeten, das Fanfarenthema vom Blech, in der Wiederholung vom tutti, das Seitenthema von den Streichern, die Polonaise von Holzbläsern mit Hörnern vorgetragen. Das einleitende Motto ist rhythmisch dem Wort »éccolabasta« nachgebildet – einer Wortprägung, die der

Widmungsträger Frank zu benutzen pflegte, wenn er eine Sache erledigt oder ein Geschenk überreicht hatte: »Fertig, hier ist es«[15].

Die »Krakauer Begrüßung« fällt – verglichen mit Pfitzners üblichem Kompositionsstil – durch einige Besonderheiten auf. Hier seien zwei aufgeführt:

Da sind z.B. die vielen, in Faktur und Instrumentierung identischen Wiederholungen. Pfitzner vermeidet sonst in seinen Werken derartige Verlängerungen der Musik; innerhalb des mit opus-Ziffern versehenen Oeuvres gibt es nur noch die Exposition des Schlusssatzes des Streichquartetts c-Moll op. 50, die identisch mit Doppelstrichen wiederholt wird. Unter den Liedern gibt es keines, das in identischen Strophen vertont ist.- Das Stück steht zudem durchgängig in homophonem Satz, ist rein diatonisch und verlässt die Grundtonart nicht; es fehlen also wesentliche Elemente des Pfitznerschen Stils: kontrapunktische Reibungen der Stimmen, die Mischung von Diatonik und Chromatik, die farbige Harmonik. Pfitzner kompensiert das zwar teilweise durch die unterschiedliche Instrumentierung der Abschnitte, auch durch den Wechsel von orchestralen und kammermusikalischen Phasen. Gleichwohl: das Stück wirkt unpfitznerisch, merkwürdig unlebendig und stumpf.

Auffällig sind die beiden Abbrüche vor Eintritt in die »Reprise« und vor Eintritt in die »Coda«. Auffällig deshalb, weil sie die Kontinuität des Verlaufs wie willkürlich unterbrechen. So erwartet man nach dem Vordersatz der Polonaise (T. 46 – 55) die Vervollständigung durch den Nachsatz, umso mehr, als der Vordersatz in klassischer Weise mit Doppelstrichen wiederholt wird. Der Nachsatz setzt auch ein, wird aber nach dessen ersten zwei Takten (T. 56/57) durch das Motto unterbrochen, kommt ins Stottern und verstummt. Die inhaltliche und formale Erfüllung, nach der eine Unterbrechung die Funktion der Erschöpfung oder der Sammlung für etwas Neues hätte, bleibt aus.

---

[15] Siehe Pachl: Vorwort der Partitur, S. VI.

Ähnlich wirkt der Einbruch vor der »Coda« (T. 96/98). Die Veränderung der »Reprise« des Fanfarenthemas (T. 87/89) war so etwas wie ein Luftholen zum feierlichen Schluss, ausgedrückt dadurch, dass in Abweichung zur »Exposition« das Fanfarenthema zum Septakkord der Grundtonart (T. 87) führt, die Subdominante Es-Dur aber nicht erreicht wird, sondern auf den Quartsextakkord der Grundtonart zurückgeführt wird (T. 90). Pfitzner hätte mit dem letzten Auftreten des Fanfarenthemas ab T. 90 analog der T. 21 – 28 das Stück mit Pomp beenden können. Stattdessen bricht er die letzte Steigerung auf dem Höhepunkt, einem wehmütigen Fünfklang, Quartsextakkord mit Septime und None, als stärkste akkordische Verdichtung des Stücks T. 95 ab: das Motto stürzt in zwei Takten über vier Oktaven in den Bass ab. Die nun angefügte Schluss-Coda wirkt danach relativ schwach und mühsam: Pfitzner lässt noch einmal eine Variante des Seitenthemas (T. 99 ff) folgen, zwei fast gleiche Phrasen zu je vier Takten in der Grundtonart, die weniger spannen als auslaufen – ist ein Pfitznerscher leiser, introvertierter Schluss[16] angestrebt, der den Pomp der Fanfaren infrage stellt? Das verbot sich wohl angesichts der Widmung. So steigert er die Dynamik noch einmal durch »Pumpen« auf demselben Ton und führt den Anfang des Fanfarenthemas zum aufgesetzt wirkenden ff-tutti-Schluss.

Beide Abbrüche werden durch die Intervention des Mottos bewirkt. Es verdrängt durch seine Dazwischenkunft die Entwicklung des Polonaisen-Nachsatzes und wird zur Initiale der »Reprise«. Und es schneidet kurz vor Schluss den Höhepunkt des Fanfarenthemas ab; in diesem Fall allerdings verschwindet das Motto »mit Pauken und Trompeten« im tiefen Bass. Beide Abbrüche wirken wie absichtsvolle Verstöße gegen traditionell zu erwartende Folgen.

---

[16] Siehe z.B. Sinfonie op.46, 1. Satz, aber auch schon Klavierkonzert op. 31, 1. Satz: zwar gehen beide Kopfsätze attacca in den nächsten Satz über, signifikant ist aber der Gegensatz von kraftvollem Anfang und introvertiertem Ende.

Pfitzner hat sich bemüht, den Wert des Werkes herunter zu spielen: Es sei nur ein Werk auf Bestellung[17], eine »richtige Gelegenheitskomposition«[18], es sei in der Nacht im Hotel entstanden[19], es sei »kurz 'aus dem Ärmel' geschüttelt,[20] es sollte keine Opus-Ziffer erhalten[21]. Mag sein, dass sich Pfitzner nach dem Riesenbeifall bei der Uraufführung, wie er ihn seinen bedeutenderen Werken gewünscht hätte[22], und angesichts der fürstlichen Vergütung durch Frank[23] gedrängt fühlte, dem Stück nun doch die op.-Ziffer 54 zu geben. (»das Werk ist meiner Feder nicht etwa unwürdig«[24]).

Diese Haltung Pfitzners seiner »Krakauer Begrüßung« gegenüber mag die Nachfrage erübrigen, ob Pfitzner, der manchmal weniger inspiriert komponierte, aber sein Handwerk beherrschte, mit seinen oben beschriebenen Verstößen vielleicht etwas Außermusikalisches, z.B. Politisches ausdrücken wollte? Man müsste wohl davon ausgehen, dass, wenn Derartiges im Stück verborgen war, Pfitzner mehr Wert auf die Komposition gelegt hätte. Dennoch: Der musikalisch so »unlogische« verfrühte Zerfall der Polonaise[25], das Wiederauftreten des Mottos (das als Signet Franks gehört werden könnte) und der Eintritt der »Reprise« in ihrer stumpf-bedrohlichen Klangfarbe könnten interpretiert werden als

---

[17] Brief an Walter Abendroth vom 16. 12. 1944 (Briefe S. 943).
[18] Brief an Walter Abendroth vom 16. 12. 1944 (Briefe S. 943).
[19] Vermutlich im Hotel Impérial in Wien, in dem Pfitzners in dieser Zeit häufig wohnten, weil die Villa in Rodaun zu ungeschützt war (Brief an Walter Abendroth vom 16. 12. 1944, Briefe S. 943). Als Datum der Fertigstellung der Komposition gibt Pfitzner »Wien, den 28. Oktober 1944« an. Dieser späte Termin – Pfitzners reisten vor dem 5. 11. in Krakau an, die Uraufführung war am 2. 12., die Voraufführung im Reichssender am 29. 11. – könnte erklären, warum Pfitzner in der Eile zum Mittel der identischen Wiederholung griff.
[20] Brief an Willy Kössel vom 2. 2. 1945 (Briefe S. 947).
[21] Brief an Walter Abendroth vom 16. 12. 1944 (Briefe S. 942).
[22] Brief an Walter Abendroth vom 16. 12. 1944 (Briefe S. 943).
[23] Schenk: Hans Frank. a.a.O. S. 351.
[24] Brief an Walter Abendroth vom 16. 12. 1944 (Briefe S. 943), Brief an Willy Kössel vom 2. 2. 1945 (Briefe, S. 947).
[25] Pfitzner nennt die Polonaise »etwas wehmütig«, eine »bewusste Andeutung der Landschaft« (Brief an Abendroth vom 16. 12. 1944, Adamy S. 943).

die von Pfitzner empfundene Zerstörung des Polnischen durch die deutsche Besetzung. Auch der Sturz des Mottos in die Tiefe statt des zu erwartenden krönenden Abschlusses des Werks könnte die Skepsis Pfitzners hinsichtlich der Dauerhaftigkeit der deutschen Besatzung hörbar machen. Der »geh-moll«-Kalauer[26] zeigt, dass Pfitzner und auch Frank das nahe Ende des Generalgouvernements, ja der Zusammenbruch Deutschlands und der Nazi-Herrschaft bewusst war.

Eine solche politische Ausdeutung wäre eine fragwürdige Spekulation, gäbe es nicht den von Pfitzner ausdrücklich betonten politischen Charakter des Nachbarwerks, der Hundertmark-Gesänge. Enthält die »Krakauer Begrüßung« eine politische Anspielung auf den pompösen Stil Franks, auf die Verdrängung des Polnischen und das zu erwartende Ende mindestens von Franks Hofhaltung? Die kompositorischen Besonderheiten sind zu auffällig, um bedeutungslos zu sein; sie bieten sich für eine solche Interpretation an. Jedenfalls kann es nicht auf den Zeitdruck hinsichtlich der Fertigstellung der Komposition geschoben werden, dass die fehlenden ca. 12 Takte der Polonaise nicht ausgeführt sind, und es darf vermutet werden, dass Pfitzner der Elan zu einem unbefangen triumphalen Schluss fehlte.

---

[26] Bericht des bei der Uraufführung anwesenden Dirigenten Alfred Gillessen (zitiert in: Briefe, Kommentar, S. 607): »Zwischendurch machte Pfitzner seine Scherze. Als der Generalgouverneur resigniert sagte: »Eigentlich hätten Sie eine Trauermusik für uns schreiben sollen, in a-moll«, parierte Pfitzner schlagfertig: »Nee, in g(eh)-moll!«.

Komponieren nach dem Zusammenbruch – Pfitzners Sextett (1945) und Orchesterfantasie (1946/47)

Hans Pfitzners letzte, abgeschlossene Werke sind das Sextett für Klavier, Violine, Viola, Violoncello, Contrabass und Clarinette op. 55, am Schluss datiert mit 2. 10. 1945, und die Fantasie für Orchester op. 56, aus den Jahren 1946 und 1947[1] – Werke des alten Pfitzner, wie sie unterschiedlicher kaum sein könnten. Ausschlaggebend ist dabei nicht die Tatsache, dass das frühere Stück ein Kammermusikwerk, das spätere ein Orchesterwerk ist; das gesamte Alterswerk seit dem G-Dur-Violoncellokonzert op. 42 (1935) ist in der Nachfolge des Stils seiner letzten Oper »Das Herz« op. 39 (1930/31) und der Instrumentierung des cis-Moll-Streichquartetts als Symphonie (1932) kammermusikalisch ausgedünnt und verzichtet weitgehend auf harmonische Polster und Tutti-Klang[2]. Wilhelm Killmayer beobachtet zutreffend, dass im Sextett kaum einmal alle sechs Instrumente gleichzeitig eingesetzt werden[3]. So ist es auch in der Fantasie: das volle Orchester erklingt nur in den Repisen der beiden Außensätze und am Schluss, Instrumente und Instrumentengruppen treten meist solistisch auf.

---

[1] Das Chorwerk »Urworte orphisch« nach J. W. Goethe (1947/48) blieb Fragment. Dazu Hans Rectanus: Hans Pfitzners nachgelassene Goethe-Kantate »Urworte Orphisch« op. 57. In: P. Cahn/W. Osthoff (Hg.): Hans Pfitzner – »Das Herz« und der Übergang zum Spätwerk. Tutzing 1997, S. 243-259. Op. 57 war ursprünglich ein Auftragswerk. Pfitzner hat hier die Musiksprache der Werke vor op. 56 wieder aufgenommen.

[2] Zum Alterswerk s. Peter Cahn: Zum Charakter von Pfitzners Spätstil am Beispiel der Kleinen Sinfonie op. 44. In: Wolfgang Osthoff (Hg.): Symposium Hans Pfitzner Berlin 1981, Tutzing 1984, S. 99-110; Wilhelm Killmayer: Komponieren als privates und öffentliches Problem (am Beispiel Hans Pfitzners); und: Rudolf Stephan: Überlegungen zu Hans Pfitzners Sinfonik; beide In: P. Cahn/W. Osthoff (Hg.): Hans Pfitzner – »Das Herz« ... a.a.O., S. 39-56 bzw. S. 201-207.

[3] Wilhelm Killmayer: Zu Hans Pfitzners Quintett und Sextett. In: Bayrische Akademie der Schönen Künste (Hg.): Jahrbuch 9 (1995), S. 327-333. Ders.: Komponieren als privates... a.a.O. S. 44 pass.

Der Unterschied zwischen den beiden Werken liegt vielmehr im Verlauf und in der Aussage. Das Sextett eine liebenswürdige Abfolge von Sätzen, deren Verlauf kohärent, homogen und diatonisch ist, im Ton der vorangehenden Werke seit der Kleinen Sinfonie op. 44 (1939) »abgeklärt« und ein wenig elegisch; Vorläufer in Pfitzners Schaffen etwa »Das Christelflein« op. 20 (1906). Dagegen ist die Sprache der Fantasie ungeschliffen, expressionistisch: bruchstückhafte Themen und Motive, der Verlauf durch Interjektionen unterbrochen, grelle Gegensätzlichkeit der Instrumentierung, chromatisch, das Ganze mehr an Dmitri Schostakowitschs oder Gustav Mahlers Märsche erinnernd; in Pfitzners Werk denkt man an »Tod als Postillon« oder an den »blinden Passagier bei Nacht« aus der Eichendorff-Kantate op. 28 (1920), allerdings hier in karger, ausgedünnter Form. Pfitzner hatte, bevor er die Fantasie komponierte, sein Sextett für sein letztes musikalisches Wort gehalten[4], ein heiterer G-Dur-Ausklang. Dass es nun, zwei Jahre später, eine abgerissene, durch rohe Rhythmen und durch einen gewalttätigen cis-Moll-Einwurf um alle Heiterkeit gebrachte A-Dur-Fratze ist, regt zum Nachdenken an. Dem soll im Folgenden nachgegangen werden.

Das Sextett op. 55 (1945)

Das Sextett hat ähnlich einer Suite[5] fünf Sätze: einen Kopfsatz »allegro con passione« in vollständiger Sonatenform in g-Moll (Durchführung in cis-Moll/Des-Dur); einen Scherzo-Satz »quasi minuetto« in G-Dur, mit einem »piu mosso«-Mittelteil (Es-Dur/a-Moll), der am Schluss wiederkehrt; ein »Rondoletto« »allegretto« in Es-Dur, das aus mehreren Abschnitten besteht, in denen der Kopfteil des Themas in immer neuen Varianten fortgesetzt wird

---

[4] Hans Pfitzner: Briefe S. 971 v. 25.12.1945 an G. Frommel, S. 1001 v. 6.7.1946 an B. Walter, S. 1036 v. 6.2.1947 an V. Junk. Briefe, Textband. .
[5] Pfitzner nennt das Werk auch zunächst »Suite« (Briefe S. 950 v. 28.8.1945 an H. Grohe).

und verschiedene Tonarten (H-Dur, g-Moll) durchläuft; einen langsamen Satz »semplice, misterioso« in E-Dur, eine der Intention nach fünfteilige Liedform (a-b-a-b'-a), in der die letzte Reprise weggelassen ist und ohne Pause in das Finale (»comodo«) G-Dur übergeht, einer dreiteiligen Liedform mit Variationselementen und Coda (»un poco più mosso«). Wie in den Werken seit 1939 herrscht der Ton der Frühromantik, allerdings gefiltert durch die Erfahrung der Reifezeit. Charakteristisch ist die Dominanz der Diatonik, die wesentlich den Eindruck der Heiterkeit herstellt. Prosaartig und privat, als hätte sie Pfitzner für sich selbst komponiert, verläuft die Musik, die sich assoziativ aus wenigen Motiven entwickelt.-

In den Sätzen gibt es zwanglos Themen- und Motivverwandtschaften, z.B. der Aufschwung des Kopfthemas im I. Satz mit dem Minuetto-Thema und dem Rondoletto-Thema; das Ausschwingen des Gesangsthemas in fallenden Sekunden im Kopfsatz (angelegt im Kopfthema) mit dem più mosso-Thema im Minuetto und dem lyrischen Kontrapunkt zum Thema des Finale (<15>[6]); der più mosso-Anschub vor dem Seitenthema des Minuetto mit dem im Thema des Finale; das Sextett schließt mit dem Eingangsmotiv.-
Bemerkenswert ist die Art und Weise, wie Pfitzner die in Durchführungen übliche Dramatik unterläuft: Zu Beginn der Durchführung verarbeitet er zwar typisch das Kopfthema, nimmt aber das Tempo zurück; später bildet er lyrische Flächen mit dem Gesangsthema. Wie in der Kleinen Sinfonie op. 44 (1939)[7] gibt es kunstvolle, aber unauffällige kontrapunktische Schürzungen des Materials; Themen werden ausgesponnen, miteinander verbunden, verlaufen sich auch einmal in Sackgassen. Es ist erstaunlich, wie Pfitzner gleichwohl den Fluss des Verlaufs aufrecht hält: Im Rondoletto (<7>), ähnlich auch im langsamen Satz (<7>), hält er gleichsam die Zeit an und steigt wie improvisierend aus dem Zusammenhang

---

[6] Ziffern oder Buchstaben in <> im Sextett und in der Fantasie sind Ordnungszeichen der Partitur, ggf. mit Taktzahlen vor (–) oder nach (+) den Zeichen.
[7] Siehe dazu Peter Cahn: Zum Charakter von Pfitzners Spätstil ... a.a.O.

aus; unmerklich kommt er dann wieder »rein«[8]. Insgesamt ist das Sextett eine Zusammenfassung der variativen Fortspinnungstechnik, der beiläufigen Kontrapunktik, der plastischen Thematik und der anrührenden Tiefe seines, das Lied des Türmers aus dem Lied »In Danzig« op. 22,1 aufnehmenden langsamen Satzes. Verglichen mit einer gewissen Sprödigkeit der vorangehenden Werke, des letzten Violoncellokonzerts op. 52 (1943) oder des letzten Streichquartetts op. 50 (1942), blüht das Sextett noch einmal in jugendlicher Frische und elegischer Schönheit auf. Wäre es Pfitzners abschließende Botschaft, wäre es die aus dem »Palestrina«: »Ich will guter Dinge und friedvoll sein«.-

Pfitzner vergisst in seiner Meldung dieser Komposition nie, dass sie nach der Flucht vor den Russen aus Wien-Rodaun (vermutlich zwischen April und Oktober 1945) im Hilfskrankenhaus Schell in Partenkirchen, untergebracht mit seiner Frau in einem einzigen Zimmer, auf miserablem Kriegspapier entstanden ist[9].

Die Orchesterfantasie op. 56, 1946/47

Die Fantasie ist im Gegensatz dazu in der Zweizimmerwohnung (mit gemietetem schlechten Pianino[10]) des Altersheims Ramersdorf bei München entstanden. Am Schluss des I. Satzes findet sich das Datum 12.4.1947; schon am 20.7.1947 (zufällig am dritten Jahrestag des Attentats auf Hitler) war die Uraufführung. Das Werk hat drei ohne Pause folgende Sätze: den ersten a-Moll in Sonatenform (»andante (ruhig schwebend«)), den langsamen Satz in dreiteiliger Liedform (»sehr langsam«) gis-Moll und ein Finale (»lebhaft (agi-

---

[8] W. Killmayer schildert dies an mehreren Beispielen bereits in Pfitzners Reifezeit. Er interpretiert dies als »Unsicherheit und Verlegenheit als eine menschliche Erfahrung«, die an diesen Stellen auskomponiert sei (Komponieren als privates... a.a.O. S. 51).

[9] Briefe S. 950 v. 28.8.1945 an H. Grohe; S. 980 v. 9.2.1946 an K. Riebe; S. 998 v. 25.6.1946 an J. Keilberth.

[10] Briefe S. 999 v. 27.6.1946 an W. Abendroth; S. 1010 v. 3.8.1946 an G. Frommel.

tato)«) in freier Sonatenform, ohne stabile Tonart, das gis-Moll des langsamen Satzes wirkt weiter; der Satz endet in getrübtem A-Dur.

Im ersten Satz wird das durch Pausen zerrissene Hauptthema durch eine fließende Gegenbewegung gehalten; gleichwohl ist die Balance gefährdet, wie die Durchführung zeigt: Oktavierte Signale (oder Aufschreie?) der Holzbläser und Trompeten durchstoßen ein dünnes Kontinuum nur der in Sechzehnteln mäandernden ersten Violinen; die Signale werden nach und nach vermehrt durch andere von Hörnern und Posaunen, danach verdichten sich zwar die Sechzehntel, zugleich verläuft sich der Spuk, kein Höhepunkt, keine Erfüllung. In Exposition und Reprise tritt noch ein Gesangsthema auf (C-Dur, in der Reprise A-Dur), das überschwängliche, etwas theatralische Sehnsucht ausdrückt und in einer verschnörkelten Kadenz ausläuft, die den Ausdruck infrage stellt - keine Ironie, sondern Auskomponieren eines Unechten.-

Das Finale[11] wird beherrscht vom Urintervall der Kuckucksterz, die sich manifestiert in einem unregelmäßigen Trommelrhythmus und in einer groben Floskel, die charakteristisch mit zwei Terzen in halben Noten endet (erstmals ff im Horn <2-G>). Trommelrhythmus und einfallende Akkorde lassen es kaum zu einem kontinuierlichen Verlauf kommen. Chromatik und Synkopen irritieren zusätzlich. Ansätze zur Melodisierung (z.B. più tranquillo <6-F>) bleiben immer wieder im Trommelrhythmus stecken. So destruktiv, wie der Verlauf angeordnet ist, wird auch die Tonart behandelt. Vorgesehen ist A-Dur, die Tonart der Lebensfreude und des Frühlings.[12] Sie wird aber von Anfang an von Pfitzner in Frage gestellt und tritt erst gegen Satzende auf. Der Tritonus Es, direkt übernommen vom dominantischen Grundton Dis am Schluss des langsamen (gis-Moll) Satzes, grundiert nicht nur das Trommelthema, er (und nicht A) ist auch der Grundton der Fortsetzung

---

[11] Anregungen und Hinweise zum Finale verdanke ich dem Gedankenaustausch mit Rudi Spring, Komponist, Pianist und Dozent in München.
[12] Pfitzner benutzt die Tonart sehr selten, dann aber typisch: s. »Nun da so warm...« ohne op. Nr. 4; »Neue Liebe« op. 26, 3.

des Trommelthemas in der Reprise <P+4>. Ein harmonischer Ruhepunkt, ein aus der Floskel entwickelter Marsch in der Satzmitte, der Durchführung <L+3>, steht in gis-Moll, und in den klaren A-Dur-Schluss des Satzes, intoniert von Streichern, Hörnern und Holzbläsern, fällt die Floskel, unüberhörbar in den Posaunen, mit gis ein <U+6>$_2$.- In diesem präzis geformten Chaos leuchtet in Exposition und Reprise ein motivisch schon vorbereitetes Thema (s. <6-F>) auf mit einem emphatisch zärtlichen Schluss (F-Dur <G+1> bzw. A-Dur, das hier ausnahmsweise erklingt <3-S>); es wächst – wer hätte das angesichts früherer abfälliger Bemerkungen Pfitzners[13] gedacht – heraus aus einem Zitat aus »La Bohème« von Giacomo Puccini: »mi chiamano Mimi«[14]; eine eindeutige Liebeserklärung an Pfitzners erste Frau Mimi, die 1926 starb.-

Ähnlich inselhaft fremd (eben in der entfernten Tonart gis-Moll) steht der knappe langsame Satz zwischen den Ecksätzen: eine resignative Melodik, atemlos wirkend, weil zwischen den Phrasen keine Pausen stehen; nur Streicher mit Solo-Violine[15]. Wird hier absichtlich Mendelssohns Violinkonzert <A> zitiert? -

Beherrschend für den Eindruck des Werkes bleibt der spannungsvoll zerklüftete, dissonante Charakter des Werks und die ff in den A-Dur-Schlussakkord brutal einfallende Floskel gis – g-es-f in den Posaunen; das Ohr hört die überlaut in Posaunen und vier Hörnern intonierte A-Dur-Terz a/cis nach den Tönen gis und cis/e wie einen falschen Schluss, das hart abgerissene unisono-A signalisiert zwar den Schluss, aber befestigt keine Tonart. Die Botschaft dieses Werkes könnten die Worte Eichendorffs (aus der Kantate »Von deutscher Seele«) sein: »Was ich wollte, liegt zerschlagen«, allerdings ohne die dort folgenden Gebetsworte: »Nun

---

[13] z.B. Pfitzner: Die neue Ästhetik der musikalischen Impotenz. In: GS II, S. 99-282 (S. 134).
[14] Einen Vorläufer hat die nach innen gewandte Episode mit dem Puccini-Zitat: im Streichquartett op. 50 kommt es im Finale vor der Schluss-Stretta (molto espr., ruhig, F-Dur) zu einem ähnlich geformten lyrischen Stillstand.
[15] Hat hier Pfitzner vielleicht der Solo-Violine den langsamen Satz gegeben, den er ihr im Violinkonzert op. 34 vorenthalten hatte?

aber gib auch Kraft zu tragen, was ich nicht will«. Stattdessen wirkt der zerstörte Schluss wie eine derbe Abfuhr oder ein Ausblick in die Öde. Nur die Erinnerung an Mimi bleibt als Licht.-

Über die Entstehung dieses Werkes äußert sich Pfitzner nicht; in der Briefsammlung findet sich nur eine Äußerung vom 17.5.47, dass die Fantasie im Entstehen sei.[16]

So stehen sich in den beiden Werken gegenüber Gelassenheit und Gespanntheit, Zusammenhang und Zerrissenheit, Gegenwelt und Realität, Bewahrung und Zerstörung.

Pfitzners Lebensverhältnisse in der Nachkriegszeit

Um die Zeit der Komposition der beiden Werke lebte Pfitzner (mit seiner zweiten Frau) in kümmerlichen Verhältnissen. Nach der Flucht aus Straßburg 1918 und der Zerstörung seines Hauses in München 1943 war er Ende Februar 1945 erneut, unter Zurücklassung seiner Habe, auf der Flucht, diesmal aus Wien vor den Russen. Zunächst kam er in eine Pension »hoch und einsam im Gebirge« bei Garmisch unter, dann, weil er sich den Arm brach, ab März im Hilfskrankenhaus Schell, dann im Sanatorium Mehltretter in Partenkirchen. Dort wohnte er mit seiner Frau in einem einzigen Zimmer, ohne Klavier, und – worunter er wohl am meisten litt – als Komponist des »Palestrina« nicht wahrgenommen und deshalb auch nicht herausgehoben behandelt.[17] Erst im März 1946 konnten Pfitzners nach München umziehen, freilich – was für Pfitzner wieder eine beträchtliche Zumutung war – in ein Altenheim (eine »Thaddädlhöhle«, wie sich Pfitzner ausdrückte) in Ramersdorf, einem südöstlichen Stadtteil. Dort hatten sie zwei Zimmer, viel für die damaligen Verhältnisse, aber verglichen mit den standesgemäßen Wohnungen und Villen, die Pfitzner in Straßburg, Unter-

---

[16] Briefe S. 1039 v. 17.5.1947 an G. Frommel; S. 1050 v. 21.8.1947 an M. Brockhaus.
[17] Briefe S. 971 v. 25.12.1945 an G. Frommel; S. 976 v. 24.1.1946 an F. Wolfes; S. 984 v. 14.3.1946 an B. Walter.

schondorf, München und noch in Wien-Rodaun bewohnt hatte, war die Unterkunft sehr bescheiden (für Pfitzner »nicht mehr zu ertragen«[18]) und jedenfalls nicht so, wie er sich seinen Lebensabend vorgestellt hatte.

Das Alter setzte Pfitzner zu: Anfälle mit großen Angstzuständen plagen ihn. Schreiben musste er mit einer Leselupe, weil er wegen seines Augenleidens so gut wie nichts mehr sah. Geschriebenes musste ihm seine Frau Mali vorlesen[19], die die eigentliche Last der Verhältnisse und des Lebens mit einem anspruchlichen Mann zu tragen hatte. Zunehmend wünscht er sich zu sterben[20]. Wenigstens mussten Pfitzners dank der Carepakete ihrer jüdischen Freunde Bruno Walter, Felix Wolfes und Fritz Stiedry, aber auch Alma Mahler-Werfels nicht hungern.[21]

Ab dem Spätjahr 1945 machten die amerikanischen Besatzungsbehörden ihm (wie jedem öffentlich auftretenden Künstler in der US-Zone) Schwierigkeiten mit Aufführungs- und Auftrittsverboten[22]. Pfitzner bemühte sich, über seine alten Freunde in USA Einfluss darauf zu nehmen; 1946 fiel das Aufführungsverbot[23], aber erst im Mai 1947 erhielt er eine Auftrittslizenz[24]. Gleichzeitig begann das Spruchkammerverfahren zur Entnazifizierung gegen ihn, das dank des Eintretens seiner Freunde und Arnold Schönbergs 1948 zur milden Einstufung als »vom Gesetz nicht betrof-

---

[18] Briefe S. 1045 v. 18.6.1947 an R. Agop.
[19] Briefe. S. 926 v. 22.5.1944 an H. Glockner; S. 1068 v. 10.9.1948 an A. Mahler-Werfel.
[20] Briefe S. 1026 v. 18.9.1947 an L. Cossmann; S. 1055 v. 23.10.1947 an H. Habs.
[21] Briefe S. 1008 v. 20.7.1946 an B. Walter; S. 1032 v. 11.1. 1947 an F. Stiedry; S.1040 v. 26.5.1947 an F. Wolfes; S. 1066 v. 1.8.1948 an Alma Mahler-Werfel.
[22] Briefe S. 957 v. 9.11.1945 an Kilieny; S. 1001 v. 6.7.1946 an B. Walter; S. 1009 v. 31.7.1946 an Mr. Leonhard.
[23] Briefe. S. 1001 v. 6.7.1946 an B. Walter; S: 1026 v. 22.10.1946 an Lulu Cossmann.
[24] Briefe S. 1040 v. 26.5.1947 an F. Wolfes.

fen« führte.[25] Im November 1946 wurde die Aufführung eines Werkes von Pfitzner anlässlich der Feierlichkeiten zum 100jährigen Bestehen der Münchner Akademie der Tonkunst, an der Pfitzner von 1929 bis 1934 tätig war, noch abgesetzt[26]; im April 1946 kam es aber zur Uraufführung des Sextetts in Berlin und im Juli 1947 der Fantasie in Nürnberg, im November 1946 erklang sogar, ebenfalls in Nürnberg, die Kantate »Von deutscher Seele« (der Komponist durfte aber nicht erscheinen)[27]. Erst im Laufe des Jahres 1948 tritt ein Hoffnungsschimmer ein: im Belvedere in Wien sollte auf Betreiben der Wiener Philharmoniker für Pfitzners eine Wohnung geschaffen werden[28]. Die Fertigstellung erlebte Pfitzner allerdings nicht mehr.

Sind es diese kümmerlichen Verhältnisse, die in der Fantasie Ausdruck fanden? Die Verhältnisse während der Komposition des Sextetts waren mindestens genauso unerfreulich. Gerade bei dieser Komposition hat man den Eindruck, als flüchte sich Pfitzner vor den Alltagsmisslichkeiten in die Gegenwelt seiner Musik. Von den äußeren Umständen her gibt es keine überzeugende Erklärung für die Unterschiedlichkeit der beiden Werke. Verlust der Habe, enge Wohnverhältnisse, Auftrittsverbote oder Spruchkammerverfahren, mögen sie auch demütigend gewesen sein, waren vorübergehend; Pfitzners waren nicht mittellos. Es muss wohl ein erheblicher innerer Druck für Pfitzner bestanden haben, dass er nach dem Sextett, das seine letzte Komposition sein sollte, noch einmal die Feder in die Hand nahm, um ein Stück zu schreiben, das innerhalb des pfitznerschen Schaffens keinen Vorläufer hat. Was hat ihn geistig bewegt?

---

[25] Briefe S. 1049 v. 19.8.1947 und S. 1060 v. 6.4.1948 an L. Cossmann. Sabine Busch: Hans Pfitzner und der Nationalsozialismus. Stuttgart/Weimar, 2001, S. 359 f.
[26] Briefe S. 1026 v. 22.10.1946 an L. Cossmann; S. 1027 v. 3.11.1946 an das Bayr. Kultusministerium.
[27] Briefe S. 1028 v. 5.11.1946 an R. Agop.
[28] Briefe S. 1072 v. 21.1.1949 an den Verein Wiener Philharmoniker.

Pfitzners geistige Katastrophe

Pfitzner lebte in der pessimistischen Geisteshaltung Arthur Schopenhauers. Zudem hatte der Lebensängstliche seine Heimat im Deutschen, seine musikalischen Wurzeln in der deutschen Romantik; er war ein gelegentlich bis ins Chauvinistische gesteigerter Nationalist. Das hielt ihn zwar nicht davon ab, ausländisches Kunstschaffen wie Shakespeare, Dostojewski, Ibsen oder Bizets »Carmen« zu schätzen, aber vorrangig ging es ihm um die Erhaltung und Pflege des Deutschen, insbesondere der deutschen Musik – durchaus eigennützig, denn er zählte seine eigene dazu[29]. Amerikaner und ihre in seinen Augen einzige Kulturleistung, den Jazz, lehnte er völlig ab. Unter den national eingestellten (assimilierten) Juden hatte er viele Freunde, und den Beitrag der deutschen Juden zur deutschen Kultur würdigte er und vertrat ihn auch gegenüber den Nazis[30]. Er lebte in einer Idee des Deutschen und bekämpfte alle Infragestellungen dieser Idee und ihrer Repräsentanten.[31] In diesem Zusammenhang geriet ihm auch das »Judentum« ins Visier als Inbegriff eines antinationalen destruktiven Denkens (dazu gehörte z.B. Weininger, aber seit den Dreißigerjahren auch der Nicht-

---

[29] Hierzu und zum Folgenden: Hans Pfitzner: Die neue Ästhetik ... GS II S. 99 ff.

[30] Zur Haltung Pfitzners gegenüber Juden: Hans Pfitzners kompliziertes Verhältnis zu Juden und zum Judentum in diesem Buch. So lehnte Pfitzner es ab, eine Ersatzmusik für die verbotene »Sommernachtstraum«-Musik Mendelssohns zu schreiben, und veröffentlichte eine Sammlung der Texte seiner Lieder 1943 nur als Manuskript, weil er in einem Buch die jüdischen Dichter hätte weglassen müssen. Aus demselben Grund verschob er die Veröffentlichung seiner Lebenserinnerungen auf die Zeit nach den Nazis, um seine zahlreichen jüdischen Freunde angemessen würdigen zu können (Briefe S. 936 v. 2.9.1944; S. 951 v. 31.10.1945; S. 967 v. 13.12.1945, alle an L. Strecker).- Die in dieser Arbeit zum Alterswerk zitierten Briefe Pfitzners zeigen, dass Pfitzner nach Kriegsende sofort wieder freundschaftlich mit seinen jüdischen Freunden korrespondierte und Zuwendung erhielt.

[31] So z.B. Ferruccio Busoni in »Futuristengefahr« 1917 (Gesammelte Schriften Bd.1, S. 185-232), Paul Bekker in »Die neue Ästhetik der musikalischen Impotenz« 1920 (a.a.O.), Thomas Mann in »R. Wagner-Protest der Stadt München« 1933 (Jahrbuch der Bayr. Staatsoper 1983, S. 69 f.).

jude Thomas Mann). Weshalb er die Auseinandersetzung mit ihm forderte; allerdings ging es ihm ohne jeden Judenhass um geistige Auseinandersetzung, nicht um physische Vernichtung. Und es hatte wohl auch mit seinem Bild vom Deutschen zu tun, dass er den Wechsel einer Haltung oder einer Auffassung als Verrat ansah (sein Sich-Treu-Bleiben)[32].

Alles, wofür er innerlich stand, woran er glaubte, brach 1945 mit der Niederlage Deutschlands zusammen; Deutschlands Katastrophe war zugleich seine eigene[33]. Der volle Verlust zeigte sich ihm erst nach und nach in den Jahren nach dem Zusammenbruch. Wir können das an seinen schriftlichen Hinterlassenschaften nachvollziehen. Zunächst sucht er zu retten, was zu retten ist. Er führt eine Auseinandersetzung mit sich selbst in einem Papier, dass mit »Glosse zum II. Weltkrieg« überschrieben ist, aus den Jahren 1945/46 stammen dürfte und posthum 1987 veröffentlicht wurde[34]. In ihm unterstellt er Hitler, was er auch selbst in den ersten Jahren nach 1933 geglaubt hatte, den guten Willen, Deutschland nach Versailles wieder das ihm zukommende Ansehen zu schaffen (offenbar hatte er nie »Mein Kampf« gelesen), verurteilt ihn dann aber eindeutig für seine gewalttätige Politik, sowohl hinsichtlich des vom Zaun gebrochenen Krieges als auch hinsichtlich der Behandlung der Juden. Das Ausmaß der Judenvernichtung übersteigt Pfitzners Vorstellungsvermögen; er hält Grausamkeit für unvereinbar mit der Idee des Deutschen und die Berichte darüber zunächst für Gräuelmärchen. Zudem rechnet er, wie viele Intellektuelle damals auch, auf mit der Zerstörung deutscher Städte durch

---

[32] Z.B. der Übertritt seines Freundes Paul Cossmann vom jüdischen zum katholischen Glauben (Hans Pfitzner: Eindrücke und Bilder meines Lebens. In: Sämtliche Schriften Bd. IV, Tutzing 1987, S. 556-692 (S. 593 ff)), aber auch der Verkauf der Rechte an »Palestrina« und der Kantate »Von deutscher Seele« durch den Verlag Fürstner in der Endkriegszeit (Pfitzner: Briefe a.a.O. 908 v. 8.1.1946 an W. Abendroth).

[33] Zum Folgenden s. Johann Peter Vogel: Hans Pfitzners kompliziertes Verhältnis ... a.a.O., S. 526 ff.

[34] Pfitzner: Glosse zum II. Weltkrieg. In: Sämtliche Schriften Bd. IV, S. 327-343.

die anglo-amerikanischen Bombenangriffe und den Vergewaltigungen deutscher Frauen durch die Russen. Er stellt sich, was damals selten war, auf die Seite der Studenten und Offiziere, die für ihren Widerstand umgebracht wurden (eine bemerkenswerte Abweichung von seiner Auffassung von Verrat, und bezeichnend, dass er sie gegen Hitler vertritt). Er flüchtet seinen Nationalismus aus der Realität in seine Idee Deutschlands und glaubt immer noch, dass die »Judenfrage«, wie er sie seit 1919 sieht (nicht mörderisch, wie Hitler sie löste), durch geistige Auseinandersetzung gelöst werden müsse.

Aber auch diesen Restbestand seiner Haltung konnte Pfitzner nicht mehr aufrechterhalten. Als er die Aufrechnungsrechtfertigung und seine Idee Deutschlands seinem verbliebenen engsten Freund Bruno Walter schreibt, lässt sich dieser im Antwortbrief auf die Ausführungen nicht mehr ein (Nov. 46) und teilt lediglich die Treue zu den klassischen deutschen Kulturleistungen[35]. Zuvor schon hatte Walter beharrt auf dem Ausmaß der Judenvernichtung[36]. Pfitzner war über Walters letzten Brief enttäuscht[37], aber er hat dann auch – vielleicht in der Folge dieser Korrespondenz- die Themen anderen gegenüber schriftlich nicht mehr angesprochen[38]; die Tatsache der Judenvernichtung musste er wohl akzeptieren, und die »Judenfrage« erübrigte sich. Pfitzners Nationalismus schrumpft auf die banale, querulative Auseinandersetzung mit den deutschen Verhältnissen, der deutschen Politik und dem Verhalten der Deutschen ihm gegenüber (Wohnverhältnisse, Aufführungsverbote, Spruchkammer), und er resümiert verbittert, dass es ihm als betont Deutschem unter keiner deutschen Regierung gut ge-

---

[35] Briefe S. 1020 v. 5.10.1946 an Bruno Walter; Bruno Walter: Briefe 1894-1962. Frankfurt/M. 1969. An Pfitzner v. 4.11.1946, S. 291.
[36] Briefe S. 1001 v. 6.7.1946 an Bruno Walter; Brief Walters an Pfitzner a.a.O. v. 16.9.1946, S. 289.
[37] Briefe S. 1023 (ohne Datum; Nov./Dez. 1946?) an F. Wolfes.
[38] Der in Briefe S. 1003 abgedruckte Brief an Felix Wolfes ist eine Fälschung.

gangen sei; jetzt, in der Nachkriegszeit, seien er und sein Werk in Deutschland sogar »unerwünscht«[39].

Es scheint mir nicht weit hergeholt, diesen persönlichen Zusammenbruch als Ausgangspunkt für die Komposition der Fantasie zu diagnostizieren. Pfitzner war, auch wenn er (leider) viel Literarisches geschrieben hat, Komponist und nicht Schriftsteller. Was ihn und sein Verhältnis zur Welt geistig beschäftigte, konnte er zutreffender und differenzierter in Musik als in Essays ausdrücken. Parallel zur »Futuristengefahr« gegen die Zukunftsvisionen Busonis komponierte er die formal konservative Violinsonate op. 27 (1918), parallel zur »Neuen Ästhetik der musikalischen Impotenz« gegen einen befürchteten Verlust des Deutschen die Kantate »Von deutscher Seele« op. 28 (1919), und parallel zu seinen Erkenntnissen, die skizzenhaft in der »Glosse« niedergelegt waren, steht die Fantasie op. 56, ein Werk der Zerstörung, des Verlusts, der Existenzangst und tiefster Einsamkeit. Ohne sie wollte er sein Schaffen nicht beenden; mit diesem Werk trat er aus der Privatheit des Alterswerks heraus und erhob seine persönliche Befindlichkeit in die Allgemeinverbindlichkeit einer endzeitlichen Aussage.

Alle Musik hat etwas seltsam Verblühendes

Diese Sicht auf die Fantasie könnte auch den Blick auf das Sextett und das Alterswerk verändern. Wir beobachten bei den Werken seit Mimis Tod 1926 nach dem Orchesterlied »Lethe« op. 37 (1926), der Kantate »Das dunkle Reich« op. 38 (1929) und den Liedern opp. 40 und 41, die unmittelbar aus der Verarbeitung des Verlusts entstanden sind, eine deutliche Zurücknahme der Mittel, aber auch der Innenspannung der Werke. Schon die Oper »Das Herz« op. 39 (1929/30) zeigt eine Hinwendung zur Klassizität; die Musik ist transparenter, ausgesparter und weniger expressiv als

---

[39] Briefe S. 982 v. 27.2.1946 an E. Diemer; S. 1035 v. 12.1. 1947 an A. Morgenroth: »Ich weiß aber *ein* Deutschland, in dem ich 'erwünscht' bin, sein werde, und war – -nur will sich's nie inkarnieren- – – na, wenn schon – -«.

noch die vorangehender Werke; immerhin verdeutlicht, ja verschärft die Transparenz zunächst noch die Reibungen der Kontrapunktik der unabhängig voneinander geführten Stimmen. Die Instrumentierung des Streichquartetts op. 36 (1926) als Symphonie (1932) fügt kaum zusätzliche Stimmen hinzu, und wo sie hinzugefügt werden, balancieren sie den Expressionismus des ursprünglichen Quartetts.[40]

Diese Kammermusikalisierung des Orchesterklangs und Rücknahme des Emphatischen findet sich dann auch im Violoncellokonzert op. 42 (1935) und im Duo für Violine und Violoncello mit Begleitung eines kleinen Orchesters oder des Klaviers op. 43 (1937). Ab der Kleinen Sinfonie op. 44 (1939) bis zum Sextett op. 56 (1945) werden auch die dissonanten kontrapunktischen Reibungen der Stimmen und spannungsvollen Gegensätze abgebaut in Richtung auf eine Homogenisierung und Geschlossenheit eines Werkes. Die Musik klingt intim – ohne jeden Bezug zum Stand der Musikentwicklung oder zum Zeitgeschehen.

Wenn Pfitzner von seinem Alterswerk rückblickend erklärt, er empfände *»dieses letzte Schaffen als eine naturgegebene Pflicht in dem Sinne, dass das Leben, das noch in mir steckt, heraus muss, aber nicht von lebendiger Schaffensfreude begleitet, sondern – und hier kann ich wieder ein prophetisches Palestrinawort zitieren: 'Was einst mir höchstes Glück, nun dumpfe Pflicht'«*[41], dann treibt er die Selbststilisierung als sein Palestrina (auch wieder eine Form des Sich-Selbst-Treu-Bleibens) zu weit: Wohl ist der Drang zur Expressivität zurückgenommen, aber schon die Menge der Kompositionen spricht gegen eine »dumpfe Pflicht«, und erst recht die Tatsache, dass er mindestens auf einige dieser Werke stolz ist: z.B. rühmt er die Länge des Themeneinfalls im Cellokonzert op. 42 (»19 Takte«!)[42] und selbst von der »Krakauer Begrüßung« op. 54 schreibt er, sie sei »seiner Feder nicht etwa

---

[40] Reinhard Wiesend: Pfitzners Streichquartett op. 36 als Sinfonie. In: P. Cahn/W. Osthoff (Hg.): Hans Pfitzner – »Das Herz« … a.a.O., S. 213-234.

[41] Hans Pfitzner: Eindrücke und Bilder meines Lebens. GS IV S. 650 f.

[42] Pfitzner: Briefe a.a.O. 694 v. 6.1.1936 an W. Abendroth.

unwürdig«.[43] Besser scheint mir eine andere von Pfitzner benutzte Begründung seines Komponierens zu sein: sein »Gestaltungstrieb, der im Grunde nichts ist als ein höherer Spieltrieb«[44].

Das hat ihm den polemischen Tadel eingetragen, seine musikalischen Mittel seien schon damals längst überwunden und von der Kinomusik besetzt worden; sein kompositorischer »Widerstand« sei eine Beschwörung des Vorgestern gegen das (reaktionäre) Heute ihrer (Nazi)Entstehungszeit. Pfitzner habe sich damit mit seiner Musik auf dieselbe Stufe mit den Beschwichtigungs- und Gute-Laune-Filmen der Nazis gestellt; den Kanonendonner des Krieges habe er offenbar überhört[45]. Nur: Für das aufgesetzte Pathos der Musik der »anbrechenden Zeit« und des Kriegsgeschehens (immerhin kamen Pfitzner und seine Frau bei Luftangriffen einmal im Zug, in dem sie reisten, das andere Mal in ihrem Haus nur knapp mit dem Leben davon) hatte Pfitzner keinen Sinn; an Parteitags- und Olympiade-Musiken hat er sich nicht beteiligt. Selbst noch in der »Krakauer Begrüßung« op. 54 (1944) für Polengouverneur Frank relativiert er die Eingangs-Fanfaren durch eine Polonaise – im Generalgouvernement war polnische Musik unterdrückt. Und es gibt (anders als bei Richard Strauss) einen Kriegsbeitrag: die drei Gesänge für Männerchor mit Begleitung eines kleinen Orchesters auf Gedichte von Werner Hundertmark op. 53 (August/September 1944); am Schluss dort heißt es: »*Verloren unsre Tage und aller Tröstung leer;/ wir haben keine Klage und auch kein Lachen mehr./ Und geht die Wacht zu Ende, allein in banger Nacht,/ wie leicht ist dein 'Vollende', wie bald dein Grab gemacht«*. In Abkehr von allem Heldenpathos sind hier mit sparsamem Satz, gefärbt mit wenigen solistisch eingesetzten Instrumenten, mit den »musikhistorisch längst überwundenen«

---

[43] Pfitzner: Briefe a.a.O. 888 v. 2.2.1945 an W. Kössel. Zur »Krakauer Begrüßung« der Beitrag Opera in tempore belli in diesem Buch.

[44] Pfitzner: Von Deutscher Seele. (1922). In: Sämtliche Schriften IV, a.a.O. S. 442-448 (S. 442).

[45] Hans-Christian Schmidt im Beiheft zu Hans Pfitzner: Symphony op. 44, Symphony op. 46, Das Fest auf Solhaug. CD 1990, cpo 999 080-2.

Mitteln des Alterswerks drei Stationen einer Generation junger Menschen gezeichnet, die der mordenden Sinnlosigkeit des Krieges zum Opfer fällt – eine ergreifende Anklage. Das Werk ist nach seiner Uraufführung im Reichssender Ende 1944 (!) unter Karl Böhm bis heute kaum aufgeführt worden[46].

Pfitzner nennt als Grund für die Reduktion seiner Musiksprache im Alterswerk seine Geschwächtheit durch den Tod seiner ersten Frau; mag dies auch Teil seiner Palestrina-Selbststilisierung sein-jedenfalls fehlt ihm nach seinem 60. Lebensjahr offenbar die Kraft, auf dem Niveau der Reifezeit in den 20ger Jahren weiter zu komponieren. Der vier Jahre ältere Jean Sibelius sah sich in gleichem Alter vor dieser Situation und entschloss sich aus Furcht, das Niveau seiner vorangehenden Werke nicht mehr erreichen zu können, auf neue Kompositionen zu verzichten[47]; Pfitzners Spieltrieb ließ einen solchen Verzicht nicht zu.

Aber war es nur der Spieltrieb? Pfitzner sah sich als ein letzter in der Tradition der deutschen Musik seit Bach und Beethoven[48]; er versuchte mit jeder seiner Kompositionen Schumann/Brahms und Wagner zu vereinen und damit die Einheit der Tradition zu erhalten. »*Langsam, wie die Sonne der Harmonie im Gange der Jahrhunderte aufgegangen ist, wird sie untergehen. Aber ist es jetzt schon die Stunde? Dürfen wir uns nicht noch einiger Sonnenblicke des Tages erfreuen?... Die Sonne wird untergehen. Alle Musik hat ja etwas seltsam Verblühendes an sich*«.[49] Mag diese Einstellung als ideologisch angesehen werden – jedenfalls sind aus heutiger Sicht Pfitzner und Richard Strauss historisch

---

[46] Pfitzner (Briefe a.a.O. 883 v. 21.10.1944 an A. Morgenroth) schätzte das Werk »nicht voll ein, es sind halt Kriegslieder«, schreibt dann aber an W. Abendroth (885 v. 16.12.1944), sie seien »schlicht und einfach, aber merkwürdig 'aktuell' und wirkungsvoll«. Dazu Johann Peter Vogel: Chöre in tempore belli. In: Mitteilungen der Hans Pfitzner-Gesellschaft, Heft 61 (2001), S. 25-32; ders.: Nachtrag. In: Mitteilungen ... Heft 65 (2005), S. 48 f.

[47] Vgl. Tomi Mäkelä: Jean Sibelius und seine Zeit. Laaber 2013, S. 127.

[48] Pfitzner (Briefe a.a.O. 936 v. 11.7.1946 an Wolfes): »Dass ich in der jetzigen Welt ... nicht mehr gern lebe,...wirst Du mir glauben. Wissen möchte ich nur, was nach meinem Tode aus meinen Werken und der deutschen Kunst wird...«.

[49] Hans Pfitzner: Die neue Ästhetik...a.a.O. S. 235.

in der Tat die letzten Vertreter der deutschen Epoche in der Musik. Pfitzners Komponieren war wohl immer dem Hinausschieben dieses Endes gewidmet. Unterstellen wir diese Grundeinstellung, dann ließe sie nicht zu, das Komponieren einzustellen; jedes weitere Werk schöbe ja den Sonnenuntergang noch ein wenig auf. Das Sextett könnte so im Zeitpunkt des deutschen Zusammenbruchs noch einmal als ein Aufleuchten des Abendrots gedeutet werden. Auch Richard Strauss schrieb nach 1943 noch einige Werke eher kammermusikalischer Struktur, u.a. die »Metamorphosen« für 23 Streicher (1945). Alle diese Stücke sind, gemessen an der Musikentwicklung ihrer Zeit, »Musik von vorgestern«. Da die Reduktion gegenüber dem reifen Schaffen aber auf dem Hintergrund dieses Schaffens stattfindet, zehrt die Reduktion auch von dessen Qualität; sie ist nicht banal, sondern unambitioniert und gelassen, gesättigt mit dem hoch selektiven Stilgefühl eines ganzen Komponistenlebens. So steht auch im Falle Pfitzners hinter der Reduktion der Komponist des »Palestrina« mit seiner entwickelten Musiksprache. Dies gibt den Stücken des Alterswerks, unabhängig vom Stand der Musikentwicklung, ihren Rang.

Mit der Orchesterfantasie tritt allerdings Pfitzner noch einmal aus seinem Altersstil heraus; mit der sehr subjektiven, expressiven Tonsprache knüpft er bei aller Kahlheit der Mittel an die Ausdrucksextreme etwa des cis-Moll-Quartetts (1926) an und findet zu einer Aussage auf der Höhe der Nachkriegszeit – konsequent nun eine Musik nach Sonnenuntergang, eine deutsche Nachtmusik.

Ausgewählte Literatur

H. Pfitzner: Gesammelte Schriften. Augsburg 1926. Bd. I und II. (GS I und II).

H. Pfitzner: Werk und Wiedergabe. Augsburg 1929. (WW).

H. Pfitzner (Hg. B. Adamy): Sämtliche Schriften. Bd. IV. Tutzing 1987. (GS IV)

H. Pfitzner (Hg. B. Adamy): Briefe. Textband und Kommentar. Tutzing 1991.

H. Pfitzner: Meine Liedertexte. Als Manuskript gedruckt. 1941.

H. Pfitzner: Palestrina. Studienpartitur. Schott 1951.

H. Pfitzner (Hg. W. Osthoff): Von Deutscher Seele op. 28. (Studienpartitur). Eulenburg 2004.

H. Pfitzner: Quartett cis-moll. op. 36. Studien-Partitur. Fürstner 1952.

H. Pfitzner (Hg. H. Rectanus): Sämtliche Lieder. Bd. I und II. Schott 1979.

H. Pfitzner (Hg. J.-P. Vogel): 3 Gesänge für Männerchor mit Begleitung eines kleinen Orchesters nach Gedichten von Werner Hundertmark op. 53. Partitur. Oertel (2001).

H. Pfitzner (Hg. P. P. Pachl): Krakauer Begrüßung op. 54. Partitur. Ries&Erler 2012.

Hans Pfiitzner-Gesellschaft, Mitteilungen der. Heft 1, 1954 – Heft 76, 2016/17. (HPGM)

W. Abendroth: Hans Pfitzner. München 1935.

Bernhard Adamy: Hans Pfitzner. Tutzing 1980.

L. Schrott: Die Persönlichkeit Hans Pfitzners. Zürich/Freiburg i. Br. 1959.

M. Schwalb: Hans Pfitzner. Komponist zwischen Vision und Abgrund. Regensburg 2016.

J.-P. Vogel: Hans Pfitzner. Rororo-Biographie (1989).

J.-P. Vogel: Hans Pfitzner. Leben, Werke, Dokumente. Zürich/Mainz, 1999.

B. Walter: Thema und Variationen. Frankfurt/Main, 1947.

B. Walter: Briefe 1894 – 1962. Frankfurt/Main, 1969.

J. Williamson: The Music of Hans Pfitzner. Oxford 1992.

O. Toller: Pfitzner's Palestrina. The 'Musical Legend' and its Background. Preface by D. Fischer-Dieskau. Toccata Press, 1997.

Sabine Busch: Hans Pfitzner und der Nationalsozialismus. Stuttgart/Weimar, 2001.

Jens Malte Fischer: Hans Pfitzner, Komponist der deutschen Seele. In: Merkur, 707, Heft 4 (April 2008. S. 328 – 333.

Eckhard John: Musik-Bolschewismus. Stuttgart/Weimar, 1994.

Birgit Jürgens: »Deutsche Musik« – das Verhältnis von Ästhetik und Politik bei Hans Pfitzner. Hildesheim u.a. 2009.

Michael H. Kater: Die missbrauchte Muse. München/Zürich, 1997.

Hans Rudolf Vaget (Hg.): Im Schatten Wagners. Frankfurt/M. 1999.

Dank

Ich danke meiner Frau, Karin-Brigitta Vogel, für ihr eingehendes Lektorat dieses Buches und für ihre vielen Anregungen und Formulierungsvorschläge.

Der Hans Pfitzner-Gesellschaft und ihrem stellvertretenden Präsidenten, Herrn Dr. R. Tybout, Oudewater NL, danke ich für die freundliche Übernahme der Kosten der Herstellung dieses Buches.

Herrn Walter Mayer, dem Schöpfer des Schondorfer Denkmals, möchte ich sehr danken für die Photographie des Denkmals und deren Abdruckgenehmigung.

Besonderen Dank auch an Frau Barbara Brudlo, Tönning, die mich immer wieder technisch unterstützt hat.

Und schließlich danke ich Herrn Sebastian Burkart, Schott-Verlag, für seine vielfältige Beratung bei der Herstellung dieses Buches.

JPV

www.ingramcontent.com/pod-product-compliance
Lightning Source LLC
Chambersburg PA
CBHW020332170426
43200CB00006B/362